住宅リフォーム革命

失敗しない業者選びのコツ

住宅研究社
山根裕太

工作舎

はしがき

阪神・淡路大震災が起きた平成七年一月一七日を機に一冊目の本を出版して、今回で四回目の出版となります。五年の歳月が流れた中で、色々なことがありました。阪神・淡路大震災で家が倒壊したのは業者の手抜き工事が原因だったとマスコミで報道されましたが、その後の調査では、公庫基準以前の古い家に倒壊が多く、土台の腐食調査、筋交い、金物の点検、リフォームが定期的に行われていなかったことが主な原因とわかりました。このような問題が起こるといつも業者が悪者にされますが、まず行政の指導と、工事を発注する施主としての正しい認識を消費者側が持つことが第一に必要ではないかと思います。

良心的な業者が、見積もりの時、見えない箇所のリフォームを提案して、「ここまでの工事は必要です」と説明しても、一部の方は納得できず不信感を持ってしまいます。そして、他の業者からも見積もりを取って、安い業者に依頼するケースがほとんどです。しかし、結果は「安かろう、悪かろう」で良くありません。

トラブルが起きる責任は消費者側にもあると言われますが、消費者は何を基準に判断したらいいのかわからないのです。業者や消費者に責任を持っていく前に、行政の指導と広報の不足を反省してほしいと思います。

最近、私は「住医」という言葉を使うのですが、住宅リフォーム業者は、まさに家のお医者さんです。例えば歯の治療の場合、虫歯一本の治療費の基本料金はわかっても、患者一人ひとりの年齢や日頃の手入れによって、歯の状態は異なりますから、治療費も治療日数もそれぞれ違います。

住宅リフォームも同じことです。築年数の若い家の屋根の雨漏りなら瓦一枚の取替えで済むかもしれません。しかし、老齢の家となると、瓦だけでなく下地の防水紙や野地板まで痛んでいるはずです。外壁塗装も同じことで、それぞれの家で条件が異なるはずなのに、三〇坪の家で〇〇万円、二五坪の家で〇〇万円と、メニューのような広告を出している業者は無責任です。

今、一般の方にとって何が必要かといえば「賢い消費者になるための知識・情報」です。私たち住宅研究社は、消費者に賢くなっていただくために「住宅リフォーム革命」のシステムを構築しました。消費者にとって「安心できるリフォーム」のために、一、「消費者に情報の提供」をする(住宅研究社)。二、「適正価格の業者」である(協力会会員)。三、「住宅研究社全国協力会が第三者機関として活動」すること(協力会本部・支部)が大きな安心の三要素です。また、業者にとっては「適正価格による安心施工とアフターケアを自信を持ってできる」という自信と満足の施工となります。これこそ消費者が安心して工事を任せることができるシステムです。

住宅リフォームは一般商品を買うのではなく、業者の提案力と技術力を買うのです。しかし、消費者側の知識の無さを利用して、安かろう悪かろうの仕事でトラブルを起こしている業者は後を絶ちません。これら一握りの悪質業者のために、真面目に仕事をしている多くの業者が迷惑をこうむっているのが現状です。

消費者も業者も、「価格破壊」という言葉にはもうさよならしてください。五〇年住宅、一〇〇年住宅の時代に「安かろう、悪かろう」のリフォームは通用しません。例えば五〇年住宅の外装工事で、今まで通りの施工をすると五年単位にリフォームすることになり、五〇年の間に一〇回の工事が必要です。これを、今までの予算に二〇%程度アップの材料を使うと、一〇年単位のリフォームに切り替えられます。五〇年で五回のリフォームで済むのです。適正価格はほんの少しの予算の差額です。それで二倍の長持ちとなれば業者も安心してアフターケアができるのです。

私は再び消費者に賢明になっていただきたく、『住宅リフォーム革命』を出版することに致しました。本書を読めば、消費者も業者も住宅リフォームに対する考え方が変わるはずです。五〇年、一〇〇年住宅に向けて、我が家の住医を見つけ、長いつきあいができることを祈ります。

執筆にあたり、協力会会員の方々、工作舎の方々のご協力を得ました。ここに誌面を借りてお礼申し上げます。

平成一二年三月吉日

住宅研究社　山根裕太

住宅リフォーム革命○目次

第6章 リフォーム業界の発展のために

はじめに

住宅リフォーム革命とは

業者も変わる、消費者も変わる

●住宅はリフォームしながら長く住む時代

これまでの日本では、「住宅の寿命はせいぜい二〇年」というのが常識でした。業者も消費者も新築志向が強く、二〇年も住んでいない家でもどんどん壊して新築するということを繰り返してきました。

しかし、資源の少ない日本が築二〇年位で家を壊すのは実にもったいないことです。欧米諸国では木造住宅の耐用年数が四五年～六〇年で設定されているのに、日本の場合は一四年～二七年と短いのです。だから二〇年位で壊してしまうのです。

土地建物の売買でも、立派な建物なのに築一〇年で建物の不動産価値はゼロ。取り壊す費用の分だけマイナスとさえ言われてしまいます。住宅の不動産価値が土地主体で評価され、建物評価が軽視されてきた結果です。

よく考えてみてください。一部の富裕層を別にすれば、一般的な家庭では住宅ローンを二〇年～二五年かけて返済しています。それがローンの残りが一〇年以上あるのに、建物の価値がゼロとはやりきれないではありませんか。

これからの日本は変わります。何より、産業廃棄物という大きな問題があります。住宅を解体処分すると大変な量の産業廃棄物が生まれます。それによって、ダイオキシンの問題も出てきます。環境問題を避けて通ることはもはやできません。住宅でもビルでも、すぐ壊して建て替えればいいという安易な考えは許されない時代なのです。

国もリフォーム重視の政策を打ち出しています。一九九九年秋からは、住宅の増改築に対しても新築と同じ条件の公庫融資が行われるようになりました。今後はどんどんリフォームして、皆さんの家の寿命を伸ばしてくださいということです。

ハウスメーカーの意識も変わりました。五〇年住宅、一〇〇年住宅というふれこみで、長期間、快適に暮らせる性能を持った家を造り始めています。当然、その家を五〇年も一〇〇年も持たせるためには、適切なリフォームをすることが前提になっています。

一般の方々にとっても、これからは大事な家をていねいにリフォームしながら長く住んでいく時代です。

●欧米ではリフォームの経歴書で住宅の価値が決まる

ごく近い将来、住宅には経歴書がつくようになると言われています。すでに欧米諸国では盛んに行われていることで、例えば、築何年目にどこを改修したかがきちんと記録されるため、適正な時期にリフォームすべき箇所を直しているかが一目でわかるようになっています。

家を大切に手入れしながら長く住むのが当たり前の欧米諸国では、中古住宅の流通も活発です。売買の時には、家の経歴書の内容によってその価値が大きく変わります。家の寿命はリフォーム次第です。しっかりメンテナンスされた家は、この先何年も快適に住める家として認められ、価格が高くなるのです。

だからこそ、欧米の人々は自分たちの大事な家の資産価値を維持するために、熱心にリフォームをします。休日はご主人が大工道具を持ち出して家のあちこちを修繕したり、親子で壁にペンキを塗ったりという光景がごく普通に見られます。

日本ではどうでしょう。自家用車は日曜日ごとにピカピカに磨いても、家のメンテナンスをしているご主人は少ないようです。車は手入れ次第と言いますが、家も手入れ次第なのです。

中古車センターでは「この車は手入れが良い方が乗っていたので、キロ数は走っていますが、まだまだ大丈夫ですよ」と説明します。中古住宅も、不動産業者がお客様に経歴書を見せながら、「この家は築一〇年ですが、手入れが良いので新築同様です」と勧めるような時代が来ると思います。

バブル崩壊後は、土地に対する含み資産は考慮しにくくなっていますが、今後は土地よりもむしろ建物に対する資産価値がついてきます。中古住宅そのものに対する資産価値意識も変わってきたようです。家の経歴書に対する関心が高まり普及すれば、中古住宅市場はさらに活性化していくものと思われます。

いずれ、建設省や外郭団体が、中古住宅の査定基準となる統一された経歴書のフォーマットを整備するであろうと期待しています。

リフォームの重要性を認識し、家という財産をぜひとも大切にしてください。

●業者の乱立でトラブルが急増するリフォーム業界

ここ数年、リフォームの需要は時代の流れから急拡大しています。建築業界の構図は、二〇〇五年から二〇一〇年位にかけて大きく変わるでしょう。間違いなく、新築よりリフォームの需要が大きくなります。かつてはすき間産業といわれたリフォーム業が、建築業界の主役に躍り出るものと思われます。将来性ある市場だということで、新しく参入してくる業者の数も相当に増えています。

反面、リフォーム業界はクレーム産業の筆頭ともなっています。

一九九九年度の住宅リフォームのトラブル件数は、全国で約九八〇〇件でした。しかも、これらは表に出た数字であって氷山の一角にすぎません。

リフォーム業には業者登録制度もなく、誰でも自由に名刺とチラシを作って営業することができます。これに目をつけて、建築の経験はほとんどない人たちがリフォーム業界に参入してきました。チラシと営業マンの人海戦術で大きな年間売上をあげている例もあります。しかし、施工や料金などのトラブルが絶えないのが実態です。訪問販売と安売りチラシが住宅リフォームのトラブルの原因の大半を占めています。

ポストに入ってくるリフォーム業者のチラシの多いこと、もう乱立状態です。大事な家のリフォーム工事を依頼したいと思っても、どの業者を信じたらいいのかと困っているのが現状です。

●住宅研究社全国協力会は誠実な業者のネットワーク組織

一九九五年、私は二五年以上に及ぶ現場での経験をもとに、初めての著書『リフォーム業者にだまされるな』を出版しました。私自身も、過去には悪い業者や職人にだまされた経験があります。「プロがだまされるのでは、素人の方々はもっと大変に違いなかろう」と考えたことが、執筆のきっかけでした。

私が代表を務める住宅研究社には、本を読んだ一般の方々からのご感想やご相談が続々と集まりました。リフォーム業者が乱立する中で、悩んだり、被害に遭ったりした方がいかに多いかを痛感させられました。

業者からの反響も想像以上でした。本の中でリフォーム工事の適正価格などもはっきりと書いたため、同業者から苦情が来るかもしれないとは覚悟していました。しかし、出版後およそ二カ月で一四〇本程かかってきた電話のうち、同業者からの抗議はわずか一本だけ。あとの電話は、町場の工務店から「よくぞ言ってくれた」という賛同の声ばかりでした。皆、業界の現状を憂えていたのです。

昔から地元のお客様相手に仕事を請け負ってきた工務店は、大体にして真面目で、宣伝も上手ではありません。そこへ、別の業界から入ってきたリフォーム業者が安売りチラシと訪販セールスで席巻し、古いおつきあいのお客様をさらってしまいました。しかも、耳に入ってくるのは施工後のトラブルなど悪い噂ばかりです。

誠実な業者ほど消費者側に立って悩み、損をしているのが現状です。安売りチラシや訪販セールスによる「安かろう、悪かろう」の業者と競合する場合でも、誠実な業者は手抜きをしないからです。しかし、いくら真面目で良心的でも、赤字になる仕事ばかりでは会社がつぶれてしまいます。

やがて、「今のままでは、一部の悪質な業者のために消費者も業者も泣かされるばかりです。われわれ地元の工務店が会を作って協力しましょう」という声が、私の本を通して交流が始まった業者の間から出てきました。

誠実な優良工務店のネットワーク組織、「住宅研究社全国協力会」はこのようにして生まれたのです。

●住宅研究社が消費者の不安を解消するシステムを提供

一般の方々がリフォーム工事を依頼する場合に、どこに頼んでいいのかわからない、リフォーム工事の価格がわからないという不安が大きいと思います。この不安を解消し、消費者に安心と満足を提供するために、住宅研究社ではこれまでになかった画期的なシステムを作り上げました。

「住宅研究社全国協力会」会員の優良業者と消費者を信頼の絆で結ぶシステム、すなわち、これが「住宅リフォーム革命」です。

内容を説明しますと、第一に、住宅研究社が発行する一般向けの季刊情報誌『リフォーミング』や本書のような書籍出版を通して、今まで一般の方々がなかなか知り得なかった適正な工事料金をお教えします。リフォーム業界の現状や、リフォームに関する正しい知識などの情報も提供します。

リフォーム工事はスーパーで買う商品とは違うので、何%オフといった値引きにつられて決めてはいけないこと、リフォーム工事は業者の提案能力と技術、誠意を買うのであって、スーパーの安売り商品を買う感覚で仕事を依頼すると失敗すること、などを知っていただきたいのです。

要は、悪質業者にだまされないために、消費者の方々もぜひ知識武装をしてくださいということです。

第二に、リフォーム工事を依頼したい方に、お住まいの地域で営業している「住宅研究社全国協力会」会員の優良業者をご紹介します。「住宅研究社全国協力会」会員は、当会の理念に賛同し六カ月間の期間を経て正会員となり、当会の理念である消費者保護と業界のレベルアップのために活動しています。単なる儲け主義の業者とは違うことを知っていただいた上でのご紹介となります。

消費者の方々にとっては、つきあいのない業者であっても信頼できる団体に加盟していることで、安心して依頼できるメリットがあります。工事価格についても、適正価格であることを当会が証明しますので、安心して契約していただけます。

第三には、これが一番肝心なポイントなのですが、住宅研究社全国協力会本部が消費者と業者の間に立ち、クレームを未然に防ぐための公正な第三者機関として機能します。

リフォームは公庫基準の設計図や建築確認の不要な工事が多いので、その工事の施工内容が心配だという方もおられると思います。そこで、増改築など大きい工事の場合、依頼があれば、住宅研究社が中間検査を行ってご報告したり、完成引渡しの立会人となって公正な判断をします。リフォームは施工中のトラブルが心配ですが、この制度によって、消費者の方々はトラブルの不安なく、工事を任せることができるわけです。

住宅研究社では、できるだけ多くの方々にこのシステムをご紹介していきたいと考えています。

●今こそ悪質業者に対抗し、真面目な業者が団結する時

ここで、業者の方々にも申し上げたいことがあります。「住宅リフォーム革命」は、業者にとっても大いにプラスになるシステムだということです。

悪質業者が安売りチラシや飛び込み訪問、ポスティング、電話セールスによる強引な営業を行い、市場を総なめにしている中で、これまで通りの堅実な営業を行ってきた町場の工務店の方々は困っていることと思います。

しかし、いくら仕事が欲しくても、トラブルの元凶となっているこうした悪質業者のやり方を真似ては絶対にいけません。「安かろう、悪かろう」で見積もりを出していいかげんな工事をしたら、自信を持ってアフターケアを兼ねたご用聞きに行けるでしょうか。半年後に行ったら壊れているのではないか、塗装ならはがれているのではないかと不安でたまりません。その前に、完成した時点で問題が起きている可能性も大です。結局、いずれはお客様の信用を失います。自分の首を絞めるだけです。

そこで、悪質業者に対抗するために、真面目な業者が団結することを提案いたします。町場の中小規模の業者も、「住宅研究社全国協力会」に加盟することで、地域のお客様から「儲け主義の業者とは違う」と信頼していただけます。そして、協力会本部が積極的に広報活動を行って会員の業者をPRします。

お客様に「安かろう、悪かろうの工事はダメですよ」といくら忠告しても、同業者の言葉だけに信じてもらえないと、多くの工務店の方々が悩んでいます。しかし、業者個人の言葉ではなく、住宅研究社発行の情報誌や書籍を通してなら、お客様にとっても受け入れやすいのです。「安ければいい」というのではなく、正しいリフォームをしたいと考える新規のお客様との出会いが始まります。

しかも、消費者と業者の一対一ではなく、住宅研究社が公正な第三者機関として安心価格・安心工事の保証をします。ですから、真面目で宣伝が苦手な業者の方でも、安心して良い仕事ができるのです。

住宅リフォームには適正価格があり、それはアフターケアを含んだ価格です。住宅リフォームは見えない部分の工事もあり、個別の家の条件、職人の良し悪し、業者の提案能力によっても変わるので、価格は一律とはならないということを、私たちはもっと一般の方々に知っていただかなければなりません。

業者の方々にも、住宅リフォームのプロとしての誇りを持っていただきたいのです。自分の提案力は誰にも負けない、これは絶対にお客様のためになるのだと信念を持ち、それをお客様に十分に説明できるなら、見積競争に負けても、競合他社を怖がることはありません。また、常にお客様のニーズに応えるために住宅リフォームの最新知識を積極的に学び、自社の営業社員や職人の教育にしっかり取り組むことです。

「住宅研究社全国協力会」では、いかにして消費者と業者が安心して喜び合えるかを研究し提案しながら、賢い消費者、誠実な業者、協力会本部の三者による信頼関係の構築をめざしています。

全国の誠実なリフォーム業者の方々が当会の理念に賛同し、会員となって活動してくださることを期待しています。

●住宅リフォーム業界の健全な発展をめざして

トラブル産業といわれる住宅リフォーム業界を、お客様が安心して依頼できる業界にするにはどうすればよいでしょうか。

何でも「規制緩和を」という世の中の流れに逆行するようですが、私はまず、早急な法の整備が必要だと思います。

不動産業界ではどうなのかというと、業者登録制度があり、供託金を国に収めた上での許認可制度が取られています。身分証明書も提出して破産者や犯罪人でないことを証明しなければなりません。宅地建物取引業法というものもあって、国家資格を持っている宅地建物取引主任者を事業所に置かないと不動産業を営むことができません。

また、二〇〇〇年四月からは、欠陥住宅の発生を防止し消費者を守るために、住宅品質確保促進制度という新しい法制度も実施されます。

しかし、歴史が浅い住宅リフォーム業界には法制度が何もありません。言葉は悪いのですが、いわば無法状態です。建設省も外郭団体も、乱立する住宅リフォーム業者をどのように指導していくのか指針が決まらずにいるようですが、こうした現状が業界のトラブルを招いていると言わざるを得ません。

また、不動産業の宅地建物取引主任者のような資格制度が住宅リフォーム業界にも必要だと思います。国家資格を持った人を事業所に置き、増改築などの住宅リフォームの契約時には立ち会って説明を行うように義務づけるべきでしょう。

そうすれば、建築を知らない営業マンが口八丁、手八丁で契約を取り、いいかげんな工事をして、消費者が後で泣かされるようなことはなくなるはずです。

不動産業界では、㈳宅地建物取引業協会や㈳全日本不動産協会が中心になって一般顧客保護を前提にした研修会を年に数回開いています。不動産業界もかつてはクレーム産業と言われたものですが、こうした努力のせいか、最近ではトラブルが非常に少なくなり、業界のイメージも明るくなりました。

住宅リフォーム業界でも、業界のレベルアップのために研修会などを開き、営業社員や職人の教育に力を入れなければならないと思います。また、消費者の方々に住宅リフォームに関する正しい知識と情報をもっと提供していくべきでしょう。

住宅研究社ではこれまでも業者・一般向けの講習会、セミナーなどを定期的に開いていますが、住宅リフォーム業界の健全な発展に貢献できることを願って、今後も消費者保護と業者の育成に積極的に取り組んでいこうと考えています。

消費者の方々が安心して住宅リフォームをできるようになるためには、もちろん、業界の意識改革が必要ですが、消費者自身にも「安ければいい」という意識を改め、正しい知識を持つようにしていただかなければなりません。

この本を参考にしていただき、どうぞ賢い消費者になってください。

第1章
リフォーム業者・業界の問題点

悪い業者・悪い職人の手口を教えます

●安かろう悪かろうの住宅リフォーム業者に要注意

バブル崩壊後、住宅リフォーム事業を新規に始める業者が急増しました。最近の傾向としては、別の業界から参入する会社が目立っています。営業マンを頻繁に募集し、新聞折り込みのチラシを大量に配布しながら業績を伸ばして、中には大きなビルを建てた会社もあります。ところが、そうした会社の名刺を持って実際に営業しているのは、建築に明るくない素人だということが多いようです。おかげでトラブルが頻発しています。

私はチラシ広告否定論者ではありません。私も二五年前にリフォーム業界に入った時は、チラシ広告を出しました。チラシ広告は必要です。しかし消費者をだます広告はいけないのです。結果的に業界全体が不信を招く元になるからです。

私が実際に見た例を話しましょう。ある方が、大きな豪華版のチラシを見て、ベランダ工事と浴室工事の見積もりを頼んだのです。やってきた営業マンは「安くしますよ」と胸を張りました。その方は営業マンに全部任せて工事をしてしまったのですが、仕上がった結果はひどいものでした。

まず、ベランダは建物とサイズが合っておらず、一〇センチほど外にはみ出していました。在来工法で建てた家とツーバイフォーの家では規格が違うのが当然で、寸法が合わない場合はメーカーに頼めばカットしてくれるのですが、営業マンは気づきませんでした。搬入されて初めて「しまった」と思ったのでしょう、何と一〇センチほどの角材を壁に打ち付けて、そこにベランダを取り付けたのです。角材にペンキを塗ってごまかしていましたが、これでは、いずれ角材が風雨で腐食して危険な状態になるのが明らかです。

浴室にも問題がありました。あきれたことに、古いタイルをはがさずそのままにして、上から新しいタイルを貼っています。おかげで浴室が以前より狭くなっていました。その上、見てみると浴室の壁がゆがんでおり、中の間柱などが相当痛んでいるようでした。浴室は家の中でも湿気が多く、木材が腐食しやすい場所です。経験のあるリフォーム業者なら、浴室を解体して土台や柱の腐食の程度を確認し、必要があれば取り替えるなどしてからタイルを貼ったはずなのです。

私は「こういう業者に工事を頼んだけれど、ちょっと見て欲しい」と呼ばれたのですが、見たままのことを話すと、その方は「確かに安かったが、あんまりだ」と顔色を変えました。すぐに業者に電話を入れましたが、まともに取り合ってもらえず、最後には「裁判にしたいならすればいい」と開き直られたそうです。見積書にもただ「タイル貼り工事○○円」などと書かれているだけで、細かい契約書や施工方法もありませんから、あきらめるしかなかったそうです。こうした業者は、安かろう悪かろうの施工をして、トラブルを起こしてハイさよならです。手直しやアフターメンテナンスなどは最初からするつもりがありません。だから経費もかからないのです。

良識ある業者なら「施工してしまえば、後は知らない」というわけにはいきません。悪い評判が広がると、お客様から仕事がいただけなくなりますから、職人の仕事に何か問題があれば手直しをしますし、アフターメンテナンスも一生懸命やります。住宅リフォームのトラブルを起こしている大半が、経営理念もない単なる仕事取りの業者なのです。

知識もない、誠意もないリフォーム業者には十分にご用心ください。トラブルが起きてからでは、後悔先に立たずです。

●飛び込み営業マンのおどし商法

私が長年おつきあいいただいているお客様から、似たような電話のご相談が二件立て続けに入りました。

一軒は、頻繁にリフォーム工事をなさっている、メンテナンスの行き届いたお宅です。そこに営業マンが飛び込みで来て、「お宅の家は外壁に亀裂があります。ここから水が入ると二、三年も持ちませんよ」と言ったというのです。大判のチラシ広告を配布して宣伝している住宅リフォーム会社の営業マンです。

私は内心で「ああ、またこの手のセールスが始まったな」と思いました。翌日、見に行ってみると、土台の水切りから上に〇・五ミリ位の髪の毛一本ほどの亀裂が走っているだけ。長さは約一五センチでした。外壁は二年ほど前にきれいに塗装したばかりです。それに、仮にモルタルに亀裂が入ったとしても、内部に水が侵入しないように水切りを設けているから大丈夫なのです。

そのように詳しく説明して、「水は入りませんが、気になるようなら防水シリコンで亀裂を埋めましょう」ということで解決しました。

もう一軒にも、同じ住宅リフォーム会社の飛び込み営業マンが来ました。そして「奥さん、よく見てよ。軒天井に黒いシミがあるでしょう。雨漏りが起きています。これでは壁の中が腐ってますよ」と言ったそうです。

そのお宅も十分にメンテナンスをしている家なのです。見に行ってみましたが、これも問題はありませんでした。要するに、雨が激しい時、雨トイが雨水を排出しきれず建物側に飛び出して、軒天井に伝わったのです。これが少しシミになっただけで、心配はありません。よく説明しますと、このお客様も納得して安心なさったようでした。

確かに、外壁や屋根などから雨水が浸入すると、しみこんだ水分は壁の中の構造材を通って伝わり、木材を腐らせる原因になります。目に見えない壁の中が「水浸しで腐っています。いずれ家が壊れます」と言われれば、素人の方々はびっくりして心配になるでしょう。こうした飛び込み営業マンは、そこにつけ込むのです。まさにおどしのセールス話法です。

住宅リフォーム会社の飛び込み営業マンは、築年数の経っている家や、お金に余裕のありそうな家を狙って歩いています。お客様の相談が続いたことから推測すれば、その会社では営業マンに「壁の亀裂を見つけておどかせ」といったセールス話法を教えているのでしょう。今回の件の後、私は自分のお客様に対して、「近頃、悪質なおどかしをする業者がいるので気をつけて下さい」というお知らせを出すことにしました。

こうしたおどし商法から身を守るためには、やはり、古いつきあいの業者と信頼関係を築いておくことが大切だと思います。

●訪販セールスの甘い言葉

地方の街に住んでいる方々のお宅には、東京などに本社を置くリフォーム会社の訪販セールスが、次から次へとやってくるでしょう。

「屋根と床下の無料診断をします」

「開業○○周年記念の特別価格です」

「今月中に決めていただくと定価の○○%オフになります」

「お客様の家は場所が良く目立つので、モデルハウスにさせていただきます」

などなど、いずれもよく聞く訪販のセールストークのパターンです。

首都圏近郊の駅前にあるAさんの家にも、東京から二人組の営業マンが飛び込みでやってきました。「無料診断ですから」と屋根に登り、写真を撮って「そろそろ限界です。台風が来たら雨漏りが起こりますよ」と口をそろえて言うのです。

実際、Aさんの家は築一五年になるため、そろそろリフォームの時期かとも思っていた上に、その営業マンは翌日の夜から毎晩のように訪ねてはリフォームをすすめます。一〇枚にも及ぶ見積書を見せられて、人のいいAさんは「こんなに時間を取らせてしまい、むげには断れない」と困ってしまいました。

定価表を見せられましたが、見積金額は五〇〇万円をオーバーしていました。それを「モデルハウスということで、特別に三五〇万円にする」と言うのです。Aさんは、いずれやらなければならないのなら、今回の条件の良い時にやろうかなと思いました。しかし、以前に地元のリフォーム業者が挨拶に来ていたのを思い出し、電話をして、屋根の見積もりを頼んでみました。出てきた見積金額は何と二三〇万円です。面積と材料を確認しましたが、間違いありませんでした。

Aさんもさすがに驚いて、東京の二人組に「契約はやめる」と電話しました。すると、翌日、二人組の一人から「こんな会社と契約しなくてよかったですね」と妙な電話をもらったそうです。「自分たちは通常の二倍の値段で売って、完全歩合制で稼いでいるんですよ」と、金額のからくりを聞かされ、Aさんはあきれはてました。

その後、Aさんが地元のリフォーム業者に二人組の見積書を見せて相談すると、この地元業者は、メーカーのカタログや適正価格の載っている雑誌などを参考に持って来てくれました。屋根にも登って点検してくれて、「まだ大丈夫ですよ」とのことでしたが、「いずれリフォームするのだから」とAさんは工事を頼むことにしました。

危うく大損をするところでしたが、おかげで信頼できる地元のリフォーム業者と親しくなれたことは何よりだったとAさんは語っています。

訪販セールスの甘い言葉には、くれぐれもだまされないようにしてください。

●悪質業者に高齢者の家が狙われる!

国民の四人に一人が高齢者となる時代が目の前です。リフォーム業界でも高齢者を対象とした商品開発が多くなってきました。お年寄りだけで住んでいる家も多く、子供とは疎遠になっている場合もあります。そうしたお年寄り宅で被害が起こっています。

老齢のBさん夫婦は、古くから住み慣れた一戸建てに暮らす資産家です。息子さんは寿司職人で、寿司店を経営しています。マンション住まいの息子さん夫婦は、Bさん夫婦の家には年に一、二度来る程度で、あまり交流がありませんでした。

そんなところへリフォームの飛び込み営業マンが現れ、Bさん夫婦にやさしくしたのです。日頃の反発もあってか、Bさんは息子に相談なしでリフォームをすることにしました。浴室の全面改修と屋根塗装、外壁塗装をしてもらい、現金で支払ってしまいました。久しぶりに家に来た息子さんが驚いたことといったらありません。やっとの思いでBさん夫婦から簡単な見積書と領収書を見せてもらい、今度は仰天しました。浴室工事四〇〇万円、屋根塗装八〇万円、外壁塗装一二〇万円の計六〇〇万円です。浴室は同じ広さで、浴槽とタイルと蛇口が変わっただけ。それほどグレードが上がったようには見えません。

息子さんが知人の建築屋に見てもらったところ、浴室工事は給湯機込みでせいぜい一五〇万円、屋根塗装と外壁塗装は合わせて一〇〇万円程度の仕事だろうとのこと。悔しくてたまらず、両親のところへ行って話しましたが、「自分たちが良くて頼んだのだから余計なことだ」と言われました。

それでも「こんなひどい話があるものか」と思って、見積書の業者へ電話を入れると、担当者は会社を辞めたのでわからないという返事。直接訪ねてみると、隣の市に二年前に開店したリフォーム店でした。その会社では、すべて担当者に任せてあるので、工事の内容はわからないというのです。どうやら相当の歩合で働いていたようです。消費者生活センターや市にも相談しましたが、結局は泣き寝入りでした。息子さんは、自分が親に冷淡にしたから罰が当たったのだと思って、あきらめることにしたそうです。

悪い業者がいるものですが、良心的な業者が大多数であることを伝えておきます。こんな話もあるのです。高齢のご婦人が一戸建てに独りで住んでいました。子供は事情があって家には来ないようです。一〇年程前に小さな仕事をやってもらった地元業者に、「雨漏りがするので屋根を修理してほしい」と電話を入れました。業者が久しぶりに行くと、少しボケ症状が出ていたそうです。その業者は見積もりを書くと、このご婦人宅に出入りしているお米屋のご主人に立ち会ってもらい、修理の内容を説明しました。完成後にご婦人が銀行で支払うというので、またお米屋のご主人に立ち会ってもらったといいます。

高齢者の家が悪質リフォーム業者のターゲットにされるとは、まことに困った問題です。今後、市町村の福祉課などと提携して、何とか私たちリフォーム業者が協力できないものか思案中です。

●「俺に直接頼めば安いよ」とささやく職人

職人にもいろいろな人がいます。中には、不誠実でずるがしこい者もいるのです。

Cさんの場合、ずっと同じ工務店に仕事を頼んでいました。今回は浴室の改装工事でした。工務店の社長が来て、いつも出入りしている大工と若い衆は先約の仕事が入っているので、今回はこの下職さんに頼むからとの挨拶でした。

ところが、いつもは工期通りに終わる仕事が、今回は約束の工期から一〇日も遅れてしまいました。うんざりしたCさんがこの下職にグチを言ったところ、「奥さん、これからは俺に直接頼むといいよ。俺がやれば安いし、ピンハネもないんだ」との返事。「なるほど」と乗り気になったCさんは、さっそく次回の屋根工事をこの下職に頼みましたが、仕事は二回もやり直しで、さんざんな結果になりました。

というのも、実はこの下職は土工が本職。浴室の解体などは得意ですが、屋根工事などは、見よう見まねで何とかする程度の技術しかなかったのです。「俺がやるからピンハネがない」と言った手前、他の職人は呼べなかったのでしょう。

建築会社や工務店は大勢の下職を使って仕事を受けています。下職の日当にプラスアルファしたものが請求金額になりますが、これはピンハネなのでしょうか。しっかりした建築会社や工務店を通していれば、下職の仕事に何か問題があってもきちんと直してくれます。Cさんも適正価格を理解して、安心できる業者に頼んだ方が結局は得だったのです。

この話には後日談があります。同業者仲間の会でわかったことですが、この下職は字もろくに書けず、見積もりも出せないのに、その反面、人を見る目は鋭く、この客は何とかなると見ると、わざと工期を遅らせて元請けの信用を落とさせ、仕事を横取りする常習犯だったとか。Cさんはまんまと乗せられてしまったわけです。

●酒やギャンブルにのめり込む職人

Dさんが増改築を依頼した職人は、六〇過ぎの温厚な感じの大工さんでした。青森から長年単身で出てきているというのが多少気になりましたが、人柄が良さそうだからと頼むことにしました。

ところが、仕事が始まってから、午後になると現場にいない時が多くなり、下職さんが来ても、「大工がいないとわからないから」と帰ってしまいます。ある時は、若い職人さんを連れてきたのに昼から出かけて夕方になっても戻りません。若い職人さんは、親方からの指示もないのでぼんやり待っているばかりです。Dさんの奥さんが、この若い職人に聞いてみると、あきれたことに「競輪です」とのこと。連日がまんしていた奥さんも、とうとう堪忍袋の緒が切れ、Dさんに、これまでのありさまをすっかり話しました。

「どういうことだ」と怒ったDさんが増改築の現場を見に行くと、大工道具が散乱して、木片や木くずで足の踏み場もありません。車券が当たって酒でも飲んでしまったのか、この大工はその日は現場に戻らなかったのです。翌日、Dさんは会社を休んで、大工が来るのを待ち、きっぱりとお引き取りを願いました。結局、地元の大きい建築会社に相談して全面やり直しをする羽目になったと言います。

この大工は単身でアパート生活のため、夜は毎日飲み歩いているらしく、Dさんが連絡を取ろうにも取れなかったそうです。地方から単身で出てきて真面目に働いている職人も大勢いますが、こうした人も中にはいるのです。酒やギャンブルで身を持ち崩して、仕事をおろそかにする職人に泣かされないように注意してください。

●言い逃れをする営業マンと職人

Eさんは、チラシ広告で見た業者に塗装工事を依頼しました。工事中、お茶出しの時に営業マンがちょうど顔を出し、話がはずんだのが運の尽きでした。「浴室が古くなったから新しくしたいのだけれど」と将来の話をしたつもりが、この営業マンはすぐに浴室を見に行って、「ああこれはダメですよ。浴槽も悪くなっているし、床タイルも割れているから、もう限界です」と言うのです。

どの位かかるものかと聞きましたが、「いい職人がいるから紹介しますよ」と言い、翌日には職人さんを連れてきました。威勢のいい少し怖そうな職人さんでした。

カタログを見せてもらって人工大理石の浴槽に決め、リモコンで落とし湯から一定量制止、追い焚きのできるタイプを選びました。この職人さんは、口頭で説明して「解体が二〇万でコンクリート工事がいくらで、タイルは全面貼って四〇万で、水道工事がいくらで、浴槽が一五万で給湯器が三〇万、電気工事や雑工事で、全部で一八〇万円だけど、特別に勉強して一六〇万円にしてやるよ」と言います。

「見積もりを下さい」と言ったら、「見積もりを出すと細かく出すからかえって高くなるよ。ほらこのカタログ見てよ、この浴槽の写真の下に一五〇万とあるでしょ」と見せられました。よく見ると浴室乾燥機が付いていたり、タイルも大型のようでしたが、見積書にこだわっても悪いような気がしたので了解してしまいました。

このEさんは、ご主人を亡くして独り暮らしのため用心深かったのですが、チラシ広告で塗装工事を頼み、それがきっかけで浴室工事となったわけです。値引きしたといっても別のページの浴槽の値段だったのも後でわかったのですが、もう一日でも早く終わってもらいたい心境でした。一〇日の工期のはずでしたが、やっと二〇日近くかかって終わり、お金は前金で半分、完成して半分を支払いました。

ほっとしたEさんは、人工大理石の浴槽の肌ざわりの良さに満足していたのですが、浴槽の排水がゆっくりなのが気になっていました。二週間目位で排水が二〇分もかかるようになりました。そして洗い場の排水目皿から逆流するのです。

電話をするのも嫌でしたが、職人を連れてきた営業マンに今の状態を話すと、「こちらは職人を紹介しただけだから、別の職人を行かせる」と言います。あんまり無責任だと腹が立ちましたが、今さらどうにもできません。

三日後にやっと職人が来て言うには、「こんなになるわけないんだけど、奥さん、何か流したんじゃないの。もっと早く言ってくれれば、乾かないうちなら浴槽もはずせたんだけどな」。Eさんは「冗談じゃない、最初からよ。あんた達に電話するのも嫌で、がまんしていたのよ」と叫びたいのをぐっとこらえ、帰ってもらいました。

結局、Eさんは市役所に相談し、水道課から市の指定業者の紹介を受けて、業者の人に来てもらいました。外壁を解体し、別に排水口を取り付けてもらって解決したそうです。もしも誠実な仕事をする職人なら、解体の時にコンクリートの破片など入らないように、排水管を養生するのです。排水が悪くなったのは、おそらくこれをしないで解体したせいで破片が入ったためでしょう。

これなどは、いいかげんで無責任な営業マンと職人に振り回されたケースです。誠実な業者と職人を選びたいものです。

●会社ぐるみで手抜き工事を繰り返す悪質業者

私の知っている年配の職人が告白した話です。この職人は一〇年前に塗装とリフォーム工事の新会社に入社し、塗装の親方として、職人五人、営業一〇人の仲間と一緒に仕事をしていました。しかし、この会社はでたらめな人間ぞろいで、手抜きは日常茶飯事でした。営業と職人が組んで手抜きをすれば、とうていお客様には見抜けません。

そもそも手抜きが横行した発端は、会社が職人に社内請負方式で仕事を与えたことです。会社が一〇〇万円で受けた仕事を、職人たちに七〇万円でやりなさいと出すのですが、材料などはすべて職人持ち。会社といっても名ばかりで、丸投げの下請け方式ですから、職人たちは自分たちの利益を出すために手抜きを始めたのです。

最初は誰も気づかない程度の手抜きでしたが、だんだん大きな手抜きをするようになりました。まず、材料使用量が半分になり、次に足場を組まなくなりました。六日かかるところを三日で仕上げました。これを正当化するために営業も仲間に引き入れ、足場を組まない分として三万～五万円を与えたといいます。営業マンはお客様に「うちの職人は腕が良いから仕事が早い。足場がなくても怖がらない職人です」と宣伝しました。

過去の行いを反省しているというこの職人は、「本当にひどかったよ。壁砂利やホコリなどの汚れがあるのに、早く終わらせようと、取りもしないで塗っていくんだから、その部分は二、三年ではがれてくるんだ」とため息をつきました。

それでも、始めてから三年位は、営業がうまいため仕事はいつも満杯だったのですが、三年、五年と経つうちに悪い噂が広まって仕事が取れなくなりました。自業自得です。そのうち営業マンが半分になり、職人は他の仕事で内職を始めたため、会社には金が入らず、社長は不渡りを出して逃げてしまったと言います。

この職人は、「仕事がなくなって、以前のお客様のところを回ったら文句ばかり言われたな。直してくれと迫られて、俺は一職人で手抜き工事は会社の責任だからと逃げ回ったよ。自分が職人としてきちんとした仕事をしていれば、自分のお客様になっていたかもしれないと思うと、つくづく自分は馬鹿だった。でもな、これからはちゃんとした仕事をして、三年、五年後にまた仕事がもらえるような職人になるんだ。人生をやり直すんだ。頑張るからな」と、しみじみ私に語りました。

悪質な商売が横行するのは困ったことですが、この職人のように心を入れ替えて、誠実に仕事をしていけば、腕があるのですから、いつかは信頼が取り戻せるに違いないのです。心をなくした職人が正しい道に戻ってくれることを願ってやみません。

「安さ」に目を奪われると失敗を招くことも

●まるでスーパーの大安売りのようなチラシ商法

近頃、まるでディスカウントスーパーのチラシかと思うような派手なチラシで商売をする住宅リフォーム業者が目立つようになりました。チラシを見ると、外壁塗装から屋根、フローリング、浴槽、キッチンセット、トイレなど、「何でもやります」とばかりにずらりと並び、「四〇％オフ」「五〇％オフ」という文字が踊っています。

消費者の方々は「値引きしてあるから得だわ」と思われるかもしれません。でも、少し待ってください。

家庭用品や食料品など、定価のある商品を半値で買えるなら結構ですが、住宅リフォームに限って、「五〇％オフ」などということは正しい工事には通用しません。必ず、からくりがあって、業者は損をしないような仕組みになっています。なぜなら、住宅リフォームには見えない部分の工事があるからです。

浴槽やキッチンセットや、トイレなどの建築商品にはもちろん単価があります。しかし、浴槽にしても流し台にしても、単品で買って家に置くものではありません。浴槽は搬入して設置して、モルタルとタイルで覆われます。流し台も搬入して、給水管、排水管との結びがあります。すべて職人の施工なしには使えないのです。

いかにも特別に安売りをしたかのようなチラシで工事の契約をしても、施工費を相場より高くして帳尻を合わせているわけです。要は、「安いですよ」というおとり広告で消費者をつかんでいるのです。赤字を出してまで請け負う業者はいません。

安売りチラシを大量に新聞に折り込んでいる会社が、同じ折り込みで求人広告を出しているのもよく見かけます。驚いたことに、その会社の多くが「月収五〇万円～七〇万円可」などと大変な好条件を掲載しています。この不況の時代、なぜ、それほど高額な給与を払えるのでしょうか。安売りチラシは単なるおとりで、どこかできちんと利益を出していると考えるのが自然です。

また、建築物はずっと形が残るもので、アフターケアがつきものです。家庭用品や食料品は買って使えば終わりですが、家は違います。住宅リフォームは施工が終わってからの、アフターケアが大事なのです。ところが、悪い業者はお客様から工事のクレームが来ても知らんぷりです。アフターケアでクレームに対応していたら大赤字だからです。

消費者センターなどに持ち込まれている住宅リフォームのトラブルは、多くが高過ぎる業者と安過ぎる業者に関するものです。十分にご注意ください。

●住宅リフォームを「安売り」で買ってはいけない理由

住宅リフォームには見えない部分の工事があるということを、詳しく話しましょう。

例えば、木質フローリングの床工事の場合です。既存床が木質系かクッションフロアの場合は、その上から新しい木質フローリングを貼る場合もあります。この方法が一番簡単で安く仕上がります。ただし、今までの床より約一二ミリ高くなるため、問題がいろいろ起こります。

まず、ドアの開け閉めが引っかかるようになるかもしれません。

はき出し窓の場合は敷居から約一二ミリ高くなるので、外から出入りする場合、今までより少し足を高く上げて入る感じになります。また、木質フローリングの小口（横から見た厚さ約一二ミリ）が外から見えるのでアルミ材のコナーを取り付けたり、木製の見切り用コナーを取り付けたりします。

キッチンの場合は流し台の高さが約一二ミリ低くなります。身長の高い方だと洗い物をする時に前かがみになるので、疲れやすくなってしまいます。

そこで、今までと高さを変えずに生活するには、既存の床を撤去解体します。解体すると巾木は壊れます。壁も壊れるという大工さんもいますが、壁ぎわの根太をカットすることによって壁は生かせる上、根太のカットで部分補修も安くすみます。大工さんの技術力で差が出るところです。

このように、木質フローリングの床工事でさえ様々な仕上げ方があるのです。そしてまた、実際の工事方法については、その家の条件や住む方のご希望などをよく配慮した上で、一番あったものをご提案するのが本当なのです。

チラシ広告で「六畳間のフローリング工事六万円、四〇％オフ」などと宣伝するような業者が、後になって「頼んで良かった」と思えるような工事をしてくれるでしょうか。

●安いだけのチラシで決めると大損をすることも

安売りチラシでこんなトラブルを経験した人もいます。

Ｆさんはチラシを見て、八畳間八万円の木質フローリングの見積もりを依頼しました。すると若い営業の人が訪ねてきて、「畳だったんですか。それでは畳の処分費と巾木工事が追加になります」とのこと。追加分を合わせて一二万円の見積もりとなり、「まあ、しかたがないだろう」と工事を発注しました。

一週間後に大工さんが入り、工事は一日半で仕上がりました。しかし、床がぐんと低くなり、今まではほうきで掃除をして、はき出しから外へゴミを出していたものができなくなってしまいました。弁当箱のような床に仕上がったのです。

「これで終わりなの」と聞いたら、「会社から言われた通りやったので」と、大工さんはそそくさと帰ってしまいました。

業者に電話をしてみましたが、担当の営業マンは「あの予算ではそこまでしかできないんです」という返事。「それならそうと前もって説明してくれないと」と抗議すれば、「一〇万円位しか予算はないと言ったでしょう」と言い返される始末です。

確かに、チラシで八万円だったのだし、追加されてでも一〇万円でやってもらおうと思っていたのは事実でした。しかし、「こんな使いづらい床にされては困る」と言ったら、「巾木は使わなかったのでちょうど一〇万円にします」と言うのです。

Fさんは怒りが爆発、上司が明細を持ってきたのを見ると、坪二万円の木質フローリングが四坪で八万円、大工手間が四万円、おわびに二万の値引きで計一〇万円となっていました。「この床を前の畳の高さに上げられないの」と聞くと、「根太材とコンパネ工事でさらに一〇万円かかる」とのことでした。そして、「このフローリングはクギと接着剤で施工しているので、はがすと壊れるからもう使えません。さらにフローリング代もかかります」と涼しい顔で言うのです。

これでプツンと切れたFさんは「もういいから、帰って」となり、消費者生活センターに駆け込みましたが、どうにもなりません。くやしいと思いながらも、一〇万円を支払ってしまいました。

「安い」だけで飛びついて、結局は損をさせられてしまったケースです。

●八千円の畳を五千円で安売りするという業者のウソ

安売りチラシ商法の業者の中には、ひどいウソをついているところもあるようです。

私の知っている真面目なリフォーム業者さんの話ですが、新聞折り込みで格安のチラシ広告が入ってきたので、この機会に自分の家の畳を取り替えたいと思い、電話をして説明に来てもらったそうです。チラシでは、相場八千円の畳表が五千円となっていました。

ところが、実際にその畳を見せてもらうと、目の荒い雑仕事の上に薬品のにおいがして、どう見ても三千円以下の商品だったというのです。さらに、畳のへりは別途料金でした。その業者さんは、驚くやら、あきれるやら、「これではだましじゃないか」と思ったそうです。もちろん仕事は頼みませんでしたが、「素人の方はこれでだまされるんですね。良い勉強になりました」と言っていました。

私は安売りチラシ否定論者ではありません。本当に安くて確かな工事をしてくれる業者なら大歓迎です。私の協力会会員で、材料、商品を現金で仕入れて、その分をお客様に安く提供している業者さんもいます。当然、安さをPRする広告も出しています。このような業者を選別するには、消費者の方ももっと勉強しなければなりません。

第2章 リフォーム成功の秘訣

業者の選び方・つきあい方を知ってください

●リフォームは経験豊富なプロに任せるべき

お宅のポストには、住宅リフォームのチラシが毎日のように入っていませんか。それだけ住宅リフォーム業者が多いのです。なぜかというと、住宅リフォームは誰でも開業できるからです。業者登録や建築業の経験も必要ないのです。そして、昨日までは別の業界の営業だった人などを募集して、即席の営業マンにします。それだけにいいかげんな仕事が多く、住宅リフォームはクレーム産業になっています。

業界の裏話をしますと、建築リフォームの中でも塗装の営業は完全歩合が多く、歩合は大体、一軒の家の壁の塗装と木部のペンキを契約して平均五〜一〇万円です。仮に月一〇件契約すると五〇～一〇〇万円になるのですから、塗装セールスになる人が多いのです。しかし、口ばかり達者な営業マンに「安いですよ」と言われて契約する方が後を絶たないのは、消費者の方も住宅リフォームを少し安易に考えているからではないでしょうか。

住宅リフォームというと簡単に思うお客様が多いのですが、実際のところ、住宅リフォームは新築より難しいのです。簡単なメンテナンスや便利屋的な仕事であれば、器用な人ならできますが、塗装にしても増改築にしてもそう単純ではありません。

塗装は先に塗ってある材料が何かによって、今回の仕事の材料が決まります。増改築は既存の建物が在来のものか、プレハブか、鉄骨かによって今回の仕事の材料が決まります。また、見えない構造材を判断しながら仕事をする必要があり、構造材の強度や腐食の程度を確認したり、解体、補強の問題もからんできます。

経験豊富なベテランの職人でないとこれらの判断は難しいのです。壊してから大騒ぎして、施主さんの負担になることもあります。ですから、安いからと決めるのでなく、信頼できる良い業者を選んでいただきたいのです。

●「どこに頼んだらよいか」が悩みのタネ

住宅リフォーム業者も大手から中小まで様々です。どこに頼んだらいいか、迷ってしまうことと思います。

業者を大きく分けると、大手系列のリフォーム会社、広いエリアで営業する新規のリフォーム専門会社と小さな地域のリフォーム専門会社、そして古くから地元で頑張っている工務店やリフォーム会社になるでしょう。

近頃は住宅の新築が頭打ちになり、大手のハウスメーカーが将来有望なリフォーム業界に参入しています。屋根材メーカー、壁材サイディングメーカーなどもリフォーム部門を作って、ユーザーを新規開拓しているようです。

大きい会社でサービスが良くて安ければ、これが一番です。しかし、住宅リフォームの場合は難しいようです。これが新築なら、大手ハウスメーカーは地元の工務店より優れているところがたくさんあります。ところが、リフォームとなると、大手も歴史が浅いので、下職の扱いや自社営業社員に悩んでいる現状です。

問題なのはトップの方々が新築とリフォームの違いを理解していないことです。新築が少なくなるからリフォームに力を入れるだけではダメなのです。クレームを起こさないための予防対策を、そのつど講じなければなりません。それは職人、営業、現場監督の三者の意識にあります。クレームを起こすのは大体決まって同じ人です。お客様との会話を簡単に考えていますが、職人の一言が命取りになることもあるのです。いずれにしても真剣にリフォームの勉強をしている必要があります。

また、リフォームは地域密着型です。なるべく車で一時間以内程度で来られる業者を選ぶといいでしょう。その点では地元の業者が安心です。こう言うと地元業者の肩を持つようですが、もちろん地元業者がすべて優良業者だとも言えません。

住宅研究社の協力会会員業者なら遠方でも安心してご紹介できるのですが、お住まいの地域にはまだ協力会会員業者が登録されていないかもしれません。そこで、良い業者を見分ける方法をお教えします。

●良い業者を選ぶためのチェックポイント

良い業者を選びたいと思ったら、まず、会社の大小はあまり関係ありません。経営者の理念や姿勢で選んでください。小さな町場の工務店だったら、必ず経営者と会って話をしてみることです。人が人を決めるというのは難しいのですが、ある程度じっくり話せば、住宅リフォームに対する考え方やお客様に対する姿勢はわかると思います。

次に、業者の能力は提案力で決まります。担当者がお客様の要望をしっかり聞いて、どれだけの提案をしてくれるかを判断してください。リフォームはその家の条件や、家族構成とライフスタイルの好みも色々ですから、施主さんの数だけ対応も異なってきます。

例えば、キッチンの工事なら、今使っている流し台の高さは何センチかというところから始まります。木のフローリング材を今の床の上から張ると、流し台が今より約一センチ低くなるため、身長の高い奥様なら中腰になるので腰が痛くなります。それなら、予算はかかりますが、今の床を全部撤去してフローリングを張り替えると今と同じ高さになりますよと、そういった提案をしてくれないと困るのです。

一つのことについて三つ程度のプランを提案できて、それぞれのプランの良い点と悪い点をきちんと説明した上で「どれを選びますか」と言ってくれる担当者は、それなりの経験があると見ていいでしょう。工事のグレードについても三段階程度は提案して欲しいものです。やり方によって予算も変わります。上クラスなら一〇〇万円、中クラスなら八〇万円、安く上げるなら六〇万円などと、内容の違いを説明しながら、その場でどんどん提案してくれる担当者なら、ある程度安心していいと思います。逆に、聞かれても黙ってしまったり、会社に持ち帰ってまた来ますというような担当者はダメです。

そして、最後のポイントは職人さんです。どんなに大きな会社でも、またどんなに優秀な営業担当の場合でも、最終的には職人の技と心が決め手です。例えば、地元の工務店の場合、多くの職人や下職を抱えて仕事をしています。仕事が多い時は外の職人を使います。これが良い職人なら満足できる仕事が期待できますが、悪い職人だと不満足な結果になってしまいます。

●職人の教育に熱心な業者は信頼できる

リフォームの成功は職人さんで決まります。しっかりした会社、または良心的な親方のもとで勉強した職人はやはり良心的で安心なものです。技と心を持った職人です。

バブル期の頃までは何でも作れば売れた時代でした。経営者の中には職人のレベルも考えずに、経験の浅い職人や、手抜きをして会社を転々とするような職人を使う人もいました。しかし、最近のリフォーム業界では、技と心を持った職人を使うことが大切だと理解する会社が増えてきました。そうした会社では職人の質を高める努力をしています。

また、新築住宅やマンションの工事現場と違って、住宅リフォームは施主のご家族が生活している家の中に入って仕事をします。ですから、住宅リフォームの職人は、ご家族へのマナーやご近所への気配りも忘れてはいけないのです。

業者にリフォームを頼んで、職人が家に入ったら仕事ぶりを観察してください。ラジオを聞いて、大声で談笑しながら作業する職人、家の中で作業した後に片づけや掃除をしない職人、タバコの吸いがらを捨てて帰る職人、こんな職人だったら失格です。

反対に、マナーと気配りが身についている職人は、無駄話をしないで、細心の注意を払いながら作業をします。資材の置き場所についても、ご近所の方に迷惑にならないように注意します。朝、車を停める時も、邪魔にならない場所を探して停めます。それが施主の家から離れた場所であっても、面倒がらずに車まで材料を取りに往復します。

そういう職人を連れてくる業者なら、指導をきちんとしているはずですから信頼できます。お客様がこれから長くつきあう業者になるかもしれません。

●優秀なコーディネーターはリフォーム成功のカギ

リフォームは新築とは全く違います。新築はモデルハウスがあってわかりやすいのですが、リフォームの場合、お客様からの色々な相談を受けながら、それに対していかに応えていくかがポイントになります。ですから、時間をかけてお客様の考えをまとめることと業者の提案力が大切です。ことに大規模な増改築工事や水回り工事の場合、設計士やコーディネーターの提案力がリフォーム成功のカギとなるわけです。

リフォームは経験豊かな提案力を買え、とも言われます。以前は設計士やインテリア・コーディネーターなどに仕事を頼むのを敬遠する傾向がありました。設計図面やプランニングにはなるべくお金をかけたくないというのが、一般的な施主の考え方だったのです。しかし、最近は本当に満足できるリフォームをしたいと思ったら、こうした専門家の力を借りるのが一番良いのだと認識されてきたようです。とても良い傾向です。

例えば一級建築士、建築関連のコーディネーター、マンションリフォームマネジャー、福祉介護士などは、施主の生活環境に合ったリフォームの提案をします。もちろん、予算に合わせてベストの住宅リフォームを実現させてくれます。

「設計士やインテリア・コーディネーターに頼みたい」と希望して、快く紹介してスタッフに加えてくれる業者なら、提案力の高い業者だと評価できるでしょう。

また、これからの業者は資格を持った専門家の力を借りることも必要ですが、業者自身、総合的なリフォーム・コーディネーターであることが求められると思います。図面もわかり、色彩やインテリア・コーディネートのセンスもあり、腕と性格の良い職人がいて、適正価格もわかり、数多くのリフォーム経験のある人。こういう人に依頼すると、結果的にはリーズナブルで満足できるリフォームができます。トラブルも起こりません。

最近は勉強熱心な業者の方が増えているのですが、業者の方々には総合的なリフォーム・コーディネーターという意識を持って、さらに知識を広げたり技能を深めていただきたいものだと思っています。

●女性の力がこれからのリフォームを変える

今後、リフォーム市場が拡大していくにつれて、女性の果たす役割が大きくなってくると思います。男性中心の職場だったリフォーム業界ですが、最近は女性の営業担当や職人も現れるようになりました。

リフォーム工事の場合、施主の生活の場に入り込んで作業をするだけに、細やかな気配りができる女性は好評です。それに、現場で職人と顔を合わせるのはその家の奥様がほとんどなので、声をかけたり話をしやすいのです。頼んだ工事以外のことでも気軽に相談ができるし、ちょっとした会話から次の仕事が出てくることもあるようです。

私は、これからのリフォームは女性のコーディネーターの力をもっと活用していくべきだと考えています。その家の条件やお客様のライフスタイルの好みに合わせて、質の高いリフォームの提案をするには、インテリア・コーディネーターとしての資質も必要になってきます。その意味で、女性ならではの視点や感性は大きな利点です。ことに、キッチン、浴室など水回りのリフォームは、女性のコーディネーターが担当するのが一番です。家庭の主婦の視点から使いやすさや快適さについて細やかな配慮ができるだけに、よりお客様に満足していただける提案ができるからです。

業者の方々にも、女性の優秀なコーディネーターを積極的に活用していただきたいと思っています。業者が個人で雇うのは経営コストがかかりますから、団体に加盟して、その団体が女性の優秀なインテリア・コーディネーターやキッチン・スペシャリストと提携することも良い方法です。「住宅研究社全国協力会」でもそうしたプランを思案中です。

●家のことを何でも頼める「住医」を作る

住宅街の中には、建築年数は古くても、いつも手入れが行き届いて立派な家がよくあります。新築の家とは違う成熟した風格が感じられます。こんな家には同じ業者が長年の信頼で入っているものです。

そうした家のお客様は、業者を我が家の「住医」さんとして信頼しています。家の健康状態をプロの目で長期的に見てもらい、具合の悪いところがあれば気軽に治してもらいます。業者の方も、いつもお客様が気持ちよく住める家であるように、責任感を持ってメンテナンスに取り組みます。いざという時はすぐ駆けつけ、時には多少の無理も聞きます。お客様も業者の信頼を裏切ったりしません。良い信頼関係が結ばれているのです。

ぜひ、皆さんにもそんな関係の業者を見つけていただきたいと思います。どんな人間関係でも出会いから始まります。その初めに、相手の人間性を見て、自分に相性の合う間違いのない人だとわかれば、長いつきあいが始まります。この章で説明した選び方を参考に、あなたのためになる業者を選んでください。選ばれた業者は正直な業者です。皆さんの家を一生懸命守ってくれる「住医」さんになります。信頼関係を大切にして我が家を守ってください。

中には、「うちでは工事のたびに複数の業者から見積もりを取って、一番安い業者に頼んでいるの」という方もいるかもしれません。しかし、そういう方は、何でも頼めるかかりつけの「住医」さんにいつまでも出会えないのではないでしょうか。

見積もりと価格の疑問に答えます

●業者によって変わる見積金額

　Gさんの家は築一八年、建坪約三〇坪の戸建住宅です。外壁塗装工事をしようと思って三社から見積金額を出してもらったら、A社は一五〇万円、B社は八〇万円、C社は三八万円でした。なぜ業者によってこんなに大きい差が出てくるのでしょうか。

　A社は広いエリアで訪販営業をしている会社です。見積金額は自社の定価表と実面積の五割アップで一五〇万円となっていました。Gさん宅に飛び込み訪問でやってきた営業マンは、塗料の材料が違うと自信満々。実面積の五割アップとなるのは、Gさんの家が古いため材料を多く使うからだという説明でした。

一理あるようにも聞こえますが、適正価格を知っていれば、これはあきれた暴利です。しかし、なぜこんな金額になるのか推測はできます。

私の調査したある塗装会社は営業マンだけの会社でした。職人は一人もいなくて、すべて外注です。そして営業マンは完全歩合。固定給はありません。成績が上がらないゼロの月は収入もゼロ。そのかわり月に四件も仕事を取ると一〇〇万円の収入になります。

その計算は次のようになります。三〇坪の家の見積もりを平均一〇〇万円とすると、その二分の一の五〇万円は塗装工事屋に、残り二分の一は会社と営業マンで分けるから単純計算で二五万円の歩合となるわけです。年配の実直そうなおじさんたちが塗装会社のネームの入ったジャンパー姿で訪問してきても、実はこんな裏があるのです。Gさんの家に来たA社も、こうした商売をしている会社だと想像がつきます。

一方、三八万円の見積金額を出してきたC社は新規のリフォーム会社で、営業マンもあまり慣れていない様子でした。適正価格を知っていれば、三八万円は常識外れの安さです。C社の見積書を見ると、安く上げるためか足場の項目がありません。しかし、足場を使わずにハシゴや脚立で作業をすると足元が不安定なため、どうしても良い仕事にならないのです。その上、材料名も木部の数量も記入されておらず、手抜きされるのが目に見えています。工賃の安い職人を使い、足場を省き、材料を落として手抜き工事をするからこそ、三八万円でも利益が出るのです。C社に仕事を頼んだとしても仕上がりが悪く、トラブルになったことでしょう。

中間の八〇万円の見積金額を出したB社は、地元に古くからある業者でした。結局、Gさんは安心感からB社に頼むことに決めましたが、建坪約三〇坪の家の場合、八〇万円はまさに適正価格です。B社に頼んで正解だったのです。

見積金額が高すぎても、安すぎても、そこには何らかの理由があるのです。適正価格の業者に仕事を頼むのが、結局は一番得になります。

●工事料金が隣の家と同じになるとは限らない

誤解しないでいただきたいのですが、適正価格といっても、同じ三〇坪の家ならいつも八〇万円だというわけではありません。お隣の家の外壁塗装工事料金が八〇万円だったとしても、同じ業者に頼んだら、自分の家の見積金額は九〇万円ということがあるのです。

なぜかというと、同じ建坪の家でも条件は様々に違うからです。家のデザインが違えば壁面積が違ってきますし、築年数が経っていると下塗剤や塗料の吸い込みが激しく、材料費がかかります。破風板、軒天井、窓枠といった木部の面積も家によって違います。また、庭の植木が多い場合、汚さないために養生の費用もかかるわけです。

屋根瓦のふき替え工事も同じことです。屋根の形状は家ごとに違うので屋根面積が違ってきます。また、古い瓦を解体撤去する場合は、野地板を点検して痛んでいるものを交換します。笠木や水切りなどの鋼板類も取り替えます。雨トイが痛んでいる場合はこれも交換です。これらにかかる費用は家の状況によってかなり違ってくるわけです。

また、住宅リフォームは、新築工事と違って解体や補強の問題もあり、見えない部分の工事があります。そこをどれだけしっかりやるかが価格に反映されるのですが、お客様にはなかなかわかりません。また、料金は職人にもよります。日当の安い職人を使ったために遅くて仕上がりが悪くなるか、高い職人を使って早く上手に仕上げてもらうのかは大きな違いです。また、住宅リフォームは業者の提案能力が物を言うので、プランニングやコーディネートの料金も考慮する必要があります。つまり、住宅リフォームの価格は、家の状態や業者によってまちまちなのであって、高いか安いかの判断も難しいのです。

ですから、適正価格を知ることは大切ですが、絶対的なものではありません。あくまでも一つの目安として考えてください。

●古いつきあいの業者より「安くできる」業者が現れたら

何でも「安ければいい」というご時世なのでしょうか。地元の業者と良いつきあいをしていたお客様が、突然、他社から見積もりを取って、安いからそっちに頼んだというケースが増えているようです。

例えば、古いつきあいの業者からリフォームの見積もりを取っていて、その金額が五〇〇万円だったとします。その時にちょうど安売りチラシが入ってきたり、訪販で営業マンが来ると、お客様は「お宅はいくらでできるんですか」と聞いてしまいます。すかさず、営業マンは「その半分位でできますよ」と無責任なことを言うわけです。

お客様はこの不況でシビアになっていますから、半分と聞いてドキリとします。そして、「とりあえず見積もりだけ」と断るのですが、相手は営業のプロですから、一〇〇万円以上の差があったら最後はそちらに行ってしまうのです。

古いお客様から見積もりを依頼される場合、業者の方は少し安心してかかることが多いようです。上グレードの見積もりを出して、もしもお客様から「予算がないから、もっと安くして」と頼まれたら、グレードを下げるなりして相談に乗ろうと思っているのです。

のんびりした町場の業者の方は、しばらくしても返事がないので「どうしました」と電話してみると、「お宅高すぎるんだもの、今回は他でやってみることにしたの」と言われてがっくり。「あの建物をあんなに面倒見てきたのに」となるわけです。

一〇〇万円安いと、お客様は「安くて良い工事ができる」と思って契約するのですが、そこが違うのです。安ければ安いなりの工事です。どこかで材料を落としたり、手を抜くのです。手直しやアフターサービスをしてくれるかどうかも大いに疑問です。

町場の業者の方は、古いつきあいのお客様から「一〇年前にやってもらったところが少し壊れた」と言われれば、行って直します。本当は一万円位いただきたいなと思っても、次に仕事がもらえるならと我慢して「サービスします」と言って帰ることもあるのです。ところが、肝心な時になるとお客様はサービスしてもらったことを忘れて、安い業者の方に行ってしまったりするのですから、気の毒なものです。

町場の業者の方も、お客様への説明不足は反省しなければいけないと思います。しかし、お客様にもお願いしたいのです。古いつきあいの業者の見積もりを単純に高いと決めつけずに、まず、見積内容をよく聞いて、価格の相談をしてみてください。

●住宅リフォームに「価格破壊」は通用しない

住宅リフォームに限って価格破壊は通用しません。これは私がずっと言い続けてきたことです。ディスカウントショップに売っている商品と違って、住宅リフォームには定価がないからです。グレードが上・中・下などあって、業者の経験によって施工力、提案力も違うので、見積価格は様々です。経験や技術を生かして一人ひとりのお客様に最適なプランを提案し、職人が技と心で施工するのが住宅リフォームなのです。

それなのに、バブル以降、安売りチラシや訪販営業のリフォーム業者が乱立して価格競争に走り、ひたすら安く、安くと宣伝しました。もともと定価のないリフォームなのに、価格破壊があり得るような錯覚が生まれました。しかも、実態は「安かろう、悪かろう」の工事でした。安い見積もりや大きな値引きで仕事を契約した例で、施主が満足した例はほとんどありません。すべてがトラブルや不満を生んでいます。

トラブルが起きるのは、もちろん業者が悪いのですが、ただただ「安さ」を求める消費者にも責任があるとは言えないでしょうか。結局、得をしているのは悪質な業者だけなのです。消費者は物理的にも心理的にも損害をこうむり、優良業者は仕事を奪われて倒れてしまいます。そこで、私は適正価格を提唱しています。良心的な業者と消費者がともに喜び合える、最良の方法だと考えています。

良心的な業者も悩んでいます。塗料をたっぷり二度塗り、三度塗りしたり、木材や鋼板もグレードの高いものを使えばずっと長持ちする工事ができるとわかっていても、お客様は「安くならないか」の一点張り。八〇万円で見積もりを持っていくと「いくら安くなるの」と言われ、引いても一割が限度なのですが仕事が欲しいために、最後は「六〇万円でもいいですよ」となります。そうすると、材料も何もかも最低限のものにしかならないのです。そうした実態を消費者の方々にも知って欲しいと思います。

くどいようですが、もう一度言います。住宅リフォームは安いだけで決めてはいけません。どんなに良い業者でも赤字にしてまで仕事はしないのです。ボランティアではありません。まして住宅リフォームは後々のアフターサービスが重要です。業者との長いつきあいのためにも、どうか安さだけで選ばずに適正価格で契約してください。

失敗しない
リフォームのコツ

●悪質業者にだまされないための知識武装

残念ながら、今のリフォーム業界は心をなくした業界です。素人のお客様が一部の悪い業者にだまされて泣いている現状です。良心的な業者はみんな嘆いています。

そこで、自衛のためにも消費者自身が賢くなってください。自動車や化粧品のブランドには詳しくても、家についてはあまり知識がないという方が多いようです。悪質業者はそこにつけ込んでいるのです。

まず、自分の家の住宅リフォームの適正価格を概算で知ることです。例えば、平均的な建坪約三〇坪の家の場合、外壁と木部の塗装工事をすると、今主流のゴム系弾性塗料ローラー仕上げで約八〇万円（足場代含む）が適正価格です。他にも、様々な工事の適正価格を第4章で書いています。これを知っていると、業者の見積もりが高すぎれば「おかしい」とわかります。また、本書を読んだ方なら安すぎても「おかしい」とわかるはずです。

材料や施工方法についても勉強して欲しいのです。例えば、外壁塗装をしようと考えたら、まず、塗料や施工の流れなどについて最低限の知識を頭に入れてください。第3章にわかりやすくまとめています。そして、営業担当が来たら「ローラー仕上げの弾性塗料、一缶（石油缶）で壁は何m²位塗れますか」と聞いて欲しいのです。的確に答えられる営業担当なら信頼できるかもしれません（ただし、築年代と下地の良否で異なりますが、一応の目安となります）。

家を建てた後、どんなタイミングでどの箇所をリフォームすればよいのかも知っておきましょう。第4章で建築年代別に詳しく紹介していますので参照してください。「うちでは適切な時期に必要なリフォームをしているのだから」と自信があれば、飛び込み訪問の営業マンに「早くリフォームしないと家がダメになりますよ」とおどかされても、びっくりしたりあわてる必要がないのです。

壁に髪の毛程のヒビを見つけて「塗装しないと中に水が入って大変です」とおどかすよ

うな悪い業者もいます。こういうおどしに対抗するには、やはり知識が必要です。壁のヒビや軒天井の状態などを見て、「この程度ならまだリフォームは必要ない」と自分で判断できるようになりたいものです。本書一〇五ページにも壁のヒビの判断の目安は書いていますが、一番良いのは信頼できる業者とつきあい、日頃から家の点検方法を教えてもらうことです。良い業者は快く教えますし、心配な時は見に来てもらえます。

消費者が賢くなって知識を持てば、悪質業者にだまされることはありません。

●事前の打ち合わせが一番大切

リフォームをするとなったら、業者にこちらの要望を話して見積もりを出してもらい、細かい打合せをします。リフォームはこの事前の打ち合わせが非常に重要です。工事後にお客様から「聞いていた説明と違う」とか「イメージと違う」と不満の出ることがありますが、こんな場合は、ほとんど事前の打ち合わせに失敗の原因があるのです。

まず、ドアや出窓、サッシ戸、雨戸、フローリング床材、浴室、キッチン、トイレなどの建築商品についてですが、業者が見積書を持ってきて商品の説明をする時は、メーカーのカタログを見せてもらい、商品の品番、定価も確認してください。

壁や木部の色を決める時は、見本帳のサンプルが小さいので実際に壁に合わせてみましょう。仕上がりはサンプルより明るくなります。室内の建具やフローリング床材は、現物のカット見本もありますので、必ず見て色調を確かめましょう。

また、平面、立面の図面は当然作りますが、イラスト調の絵を簡単でよいから描いてもらうとわかりやすいのです。後で窓が大きすぎたとか、棚が小さすぎたとか、イメージの食い違いが原因のトラブルもなくなります。

商品、色、形が決まったら、図面の用紙の余白にその商品の写真を、カタログのコピーでよいので貼ってもらいましょう。こうすると、各場所で使用する建築商品のメーカーと品番と色が一目でわかります。

ここまで打ち合わせすると、後は業者の方に任せても安心です。万一、業者が間違っていたら、この打ち合わせ書で修正してもらうことができます。

次に契約となりますが、この時も必ず文書で工事請負契約書を交わしてください。その際、契約書の内容、備考欄には別添見積書の通りと入れて、見積もり以外に業者が「料金内でやります」と約束したことがあれば、その内容も記入しておくことです。

契約前は、何でも「わかりました」「大丈夫ですよ」と安請け合いする業者がいますが、いざ工事が始まると職人に伝わっていない場合があるのです。口約束はトラブルの元と心得て、「まあいいや」ですまさないようにしてください。

●リフォームの工期は多少の遅れを覚悟する

家に人が生活しながらのリフォーム工事は、新築工事と違って様々な問題が起こります。浴室やトイレ、キッチンなど水回りの増改築工事は、使えない間の不便が大きいだけに、お客様は一日でも早く完成しないものかとイライラするものです。

「浴室だけの工事だったら、割合簡単に仕上がるだろう」と考えがちですが、実はそうでもないのです。色々な業種の職人が工事に加わり、半日から一日単位で職人の予定を組んでも一〇日はかかる計算です。だから、水道業者、左官業者、タイル業者、電気業者、ガス業者、サッシ業者のうち、誰かが間違いを起こしたり、休んだりすると大変です。

仮に左官業者が一〇月一〇日に入る予定を組めば、水道業者の配管工事は一〇月八日に予定を組みます。この水道業者が当日急病になった場合など、工事予定はメチャメチャです。別の下職の水道業者を急に呼んでも、腕の良い職人は予定が一杯ですから、工事は一週間後です。またそうなると、左官業者が一週間後に空いているとは限りません。

お客様も困るでしょうが、請け負った工務店も大変です。工務店も精一杯努力をしますが、やむを得ない事情の場合は、お客様にぜひご理解を願いたいのです。

また、住宅リフォームは「工事を始めてみたら、予想していた状況と違った」という場合も多いのです。

例えば、コロニアル屋根の塗装工事の場合です。古い瓦の下地は、塗料を塗る前にワイヤブラシで汚れを落としますが、家によってはゴミやコケが想像以上に多く、予定の時間内で汚れを落としきれないことがあります。こんな場合は、日数と予算が多少オーバーしても、汚れを完全に落としてから下地と塗料を塗った方が塗装が長持ちするのです。

この他にも、リフォーム工事は解体してから、追加で補強の問題が出てくることもあり、どうしても新築工事より時間がかかります。工期はある程度遅れるものと見ていた方が安全です。

●契約内容と違う工事はその場で注意

工事が始まったら、時々現場をチェックして、打ち合わせた通りに仕事が進んでいるか自分の目で確認するようにしたいものです。

良い職人が、細心の注意を払っていても間違えることはあります。プロですから材料の間違いなどは起こしませんが、打ち合わせたことを、うっかり忘れることがあるのです。もし、お客様が気づいたら、職人が仕事をしているうちに知らせてください。無口な職人には言いづらいかもしれませんが、職人も内心は喜んでいるのです。後で直すより、今直す方が助かるのです。

また、万一、契約した内容と違うのではないかと思った時は、その場で職人に聞いてください。「職人さんには言いづらいので営業担当者に話す」というお客様がいらっしゃいますが、これは間違いです。もし職人の説明で納得が行ったら工事進行です。納得できない場合は営業担当に連絡して、結論が出るまで工事は中止すべきです。

お客様が間違っていてもいいのです。施主として、お金を出して自分の希望通りに造ってもらうための工事なのです。業者も人間です。連絡ミスもあるかもしれません。遠慮していると工事はどんどん進んで、後でやり直すのが大変になります。増改築のような大きい工事の場合はなおさらです。

ただし、後でも述べますが、工事が始まってから自分の都合で次々と変更の希望を出し、業者を振り回すようなことはいけません。あくまでも、契約通りの工事内容になっているかを確認するということです。

そういう意味でも、やはり、事前にしっかり打ち合わせ書を作っておくことが大切です。

●手抜き工事をされないためのチェックポイント

乱立するリフォーム業界の中には、お客様に内緒で手抜き工事をして利益を上げるような悪い業者もいます。手抜き工事を見抜くのは難しいのですが、素人の方でも簡単にチェックできることもありますから、お教えしましょう。

リフォーム工事の中で一般的な外装塗装や屋根塗装の場合、古くなった家の材質（壁や木部、屋根瓦）に十分な量の材料を使ったかどうかが結果を左右します。

壁も木部も、屋根瓦も、まず表面の汚れを落としてから下地剤シーラーを塗り、仕上げに塗料を塗る工程は同じです。しかし、壁や瓦が古くなると下地剤や仕上げ塗料の吸い込みが激しく、通常量の二倍位必要になる時もあります。下地剤と仕上げ塗料の量が十分でないと、せっかくの塗装が長持ちしません。

例えば、一般的な建坪三〇坪の家の壁を塗装する場合、平均的な壁面積は一四〇㎡〜一五〇㎡位となり、仕上げの弾性塗料は約六缶です。同じく下地剤シーラーは一・五缶です（この材料を二倍にすると長持ちします。予算は二〇％アップです）。

つまり、きちんと壁塗装をするなら、業者にはこれだけの材料を確かに使用してもらわなければならないのです。安い見積もりでも缶数を減らされては意味がありません。そこで、見積もりの備考欄には材料の缶数を記入してもらい、材料搬入のとき、新しい缶数の確認をして、工事当日はその缶数を使用しているか確認してください。

また、浴室、キッチン、トイレ、フローリング床材といった建築商品を決める場合も、どのメーカーで品番は何番かを打合せ書や見積書に記入してもらって、搬入された時に確認すれば、後になって「グレードを落とされていた」とトラブルになったりしません。

しかし、つきあいの長い良心的な業者に頼むなら、こんな手抜きをされないかと心配することもないのです。日頃から誠実な業者とつきあっておくのが一番です。

●追加工事は内緒で職人に頼まない

工務店にリフォーム工事を頼むと、水道業者、左官業者、塗装業者など色々な業者が施主さんの家に出入りします。そうすると、消費者の中には業者のトラックの電話番号を控えておいて、追加工事が出た時に工務店を通さず、内緒で職人に仕事を頼む方がいるのです。しかし、これは結果的に高いものにつきますので注意してください。

リフォーム業者の能力は提案力で決まります。しかし、腕の良い職人さんであっても、豊富な知識を持っていて、お客様の要望に応じて様々な提案ができるような人はめったにいません。満足できる結果になるのかどうか疑問です。また、だいたいにして、工務店を無視してお客様から直接仕事を受けるような職人は信頼できる人間とは言えません。そうした職人が、お客様に対して誠実に仕事をするでしょうか。

お客様が元請けの工務店に仕事を頼んだ後、内緒で水道業者に追加工事を頼んだら、水漏れが起きてしまい、誰が責任を取るのかとトラブルになったケースもあります。工務店は看板を掲げて仕事をしているので、もし何かあった時は責任を負うのです。追加工事が内緒でやられたとなると、業者はどこまで保証するのか迷ってしまいます。

良心的な工務店は、誠意ある仕事をしてお客様と長くおつきあいしたいと考えています。そんな業者を裏切るようなことをしないで欲しいのです。信頼して何でも相談できる業者と良い人間関係を作っておく方が、お客様にとっても利益になるのです。

●職人さんへのお茶出しのコツ

工事中、職人さんに気持ちよく仕事をしてもらうためには、お茶出しをどうすればよいのかと頭を痛める奥様もいらっしゃるのではないでしょうか。

しかし、午前一〇時とお昼と午後三時にきちんとお茶出しをしたのは昔のことで、今は共働きの家庭も多いので、全くのお茶なしということもあります。

また、数時間おきに「お茶をどうぞ」と声をかけられても、仕事のきりのよい時があるので、職人にはありがた迷惑の時があります。親方や責任者も、お茶ばかり飲んでいては仕事が進まないと内心困っている場合があるのです。今は厳しい見積もりで契約をしている時代ですから、少しでも早く仕事を進めたいのです。

だから、お茶出しも昔方式でやる必要はありません。お菓子もいりません。夏場はポットに氷を入れた水か麦茶を、冬場はポットに入れたお湯と茶葉の入ったきゅうすを、そして職人の数だけのコップか茶わんを準備して、職人たちが自由に飲みやすいように外に出しておいてください。

専業主婦で一日いらっしゃる場合は、午前一〇時と午後三時の二回だけポットを外に出してください。お仕事などで外出する時は朝から外に出しておけばよいのです。お茶のことを心配する奥様方の気持ちはよくわかりますが、職人たちは案外気にしていません。飲みたい時に自由に飲めるのがよくて、街の自動販売機を利用しているのです。

共働きで全くお茶を出せないような時は、親方か責任者にお茶代をまとめて渡すことも方法です。一日の飲料代は、職人一人につき午前と午後の二回で二〇〇円から三〇〇円位でしょう。家に入る職人の数を聞いておいて、人数と日数をかけると金額が出てきます。

●自分でトラブルを招いてしまう施主

お客様の中には、業者から十分な説明を受けて日数をかけて決めたのに、契約して仕事に入った段階で、次から次へと変更の要望を出す方もごくたまにいらっしゃいます。

「今朝のチラシを見たら出窓の値段が四〇％オフになっている。お宅の会社で同じ値段にしてもらえないなら、私がこのチラシの業者から買ってきたいのだが」と、無理なことをおっしゃるお客様がいました。

施工会社はこう答えます。「私どもの出窓の値段は、ガラス・網戸・組立・運搬費も含んだものです。そのチラシの業者に、建築屋が入っているがその出窓を取り付けてくれるかと聞いてください」。業者の返事はもちろんノーでした。

その数日後にも、またお客様の要望です。「木製フローリングの件だが、お宅のは坪単価二万円だろう。ホームセンターで坪七千円で売っているのを見つけたので、私が買ってくるから取り付けてくれないか」。

施工会社の答えはこうでした。「私もホームセンターにある商品は知っていますが、ケースは真っ白で何も書いてありません。どこのメーカーのものかわからない商品です。

もしも私どもで取り付けて、フローリングに段差があって、女性のストッキングが破れたり、お年寄りがつまづいて転んでも責任が持てません」。

それでもお客様は納得できずに工事を何日も中止にしました。他の工務店やホームセンターに行ったりして、やっと納得すると、「すみませんでした。進めてください」。これでは良い仕事ができるわけがありません。

業者が約束と違う工事をしているなら遠慮なく口を出す必要がありますが、「少しでも安くあげたいから」とばかりに難題を持ちかけるお客様は困りものです。こんなお客様は例外なのですが、打ち合わせ書を作って契約を交わした以上、工事が進行してからの変更は消費者の負担になるということを理解してください。

誠実な業者なら、信頼して任せた方が良いリフォームにつながるものです。お客様から信頼されていると思えば、その期待に応えようとするのが人情です。

●我が家のリフォームの長期計画を立てる

家の寿命はメンテナンス次第です。愛着を持ってこまめに修理やリフォームをしてきた家と、ろくなメンテナンスをしなかった家では、築一〇年、二〇年後には実質築年数に大きな差が出てきます。

本書第4章の築年代別リフォーム箇所と概算予算を参考にして、何年目にどこをリフォームするというように長期計画を立てておきましょう。早め早めのリフォームによって家が長持ちし、財産価値を維持することができます。

とはいえ、現実問題として外壁塗装をすれば約八〇万円、コロニアル屋根を塗装すれば約二五万円など、リフォーム工事には結構な費用がかかります。予算をかけるほど長持ちする施工ができることも事実です。しかし、住宅ローンの支払いだけで厳しいのに、リフォーム工事の費用などそんなに出せないという方も少なくないと思います。

そこで、リフォームの長期計画を立てると同時に、前もって資金を積み立ててはいかがでしょう。分譲マンションを購入すれば月々の管理費の他に修繕積立金を支払うのですから、戸建住宅にお住まいの場合も、同様にリフォーム資金をプールしておくのは良い方法だと思います。

●簡単な修理はホームセンターを活用して自分でする

本格的なリフォームはプロに任せるにしても、欧米の人たちに見習って、自分の家の簡単なメンテナンスは自分でやりましょう。必要な道具や材料は、ホームセンターに行けば大抵のものがそろっています。ホームセンターは家族で行っても楽しいものです。建築材料に慣れてくると日曜大工もできるようになります。

塗装も自分でできるところはたくさんあります。例えば、浴室の天井の塗装です。湿気が多くカビが出て汚くなりやすい場所なので、二年に一度は塗り替えたいものです。素人の方でもできますので、ホームセンターで相談して用具や材料を用意してください。

蛇口のパッキンやトイレの水漏れも自分で直せます。これもホームセンターで部品が手に入ります。係の人に相談すれば、気持ちよく教えてくれます。

水道の水漏れが起きるとあわてるものですが、二四時間営業の水道工事屋に頼むと、請求書を見た時にまたあわてることになります。家の設計図面をよく見て、水道の配管はどうなっているか、止水栓はどこにあるかを調べ、庭に出て実際の場所を確かめておくことをお勧めします。いざという時はその止水栓を止めてから、市の水道局に相談するか知り合いの業者に頼めばよいわけです。

その他にも、本書第4章の築年代別リフォーム箇所と概算予算を見ていただければ、自分でできるメンテナンスが意外にあることがわかると思います。

第3章
実践：リフォーム計画

外壁塗装工事の計画から完成まで

●外壁と木部の塗り替えは住まいの長寿のポイント

家の外部の建材は塗装による「皮膜」で守られています。この「皮膜」は風雨や日光によって年月とともに弱くなっていきますので、塗り替えの必要があるのです。塗り替えのタイミングを逃して放置しておくと、下地が弱って、塗装の手間も余分にかかりますので注意が必要です。建材が痛み、風化してからでは間に合いませんので、塗り替えのタイミングを逃さないようにしてください。

外壁の汚れ、ひび割れ、塗料のはがれ、カビの発生などの症状が現れたら、塗り替えの時期が近づいたサインです。

外壁については、築六年目を目安に一回目の塗り替えをすると家が長持ちします。また、破風板、鼻かくし、軒天井などの木部の塗装も重要です。築後、最初にしたいリフォームは木部の塗装なのです。塗料の耐久性や家の周囲の環境によっても変わりますが、できるだけ三年ごとの塗装を勧めます。特に南と西向きの木部は日光で痛みが早いのです。三年目は木部の塗装だけをして、六年目は壁と木部を一緒に塗装すると、足場代が浮くので工事料金が割安になるでしょう。

九九ページの概算見積例は、一般的な三〇坪の住宅で外壁と木部を塗装した場合の予算の一例です。ただし、家によって壁面積などの条件が異なり、長く塗り替えていない家の場合は材料や手間も多くかかります。木部の面積も家によって違います。特に、最近の家は窓も雨戸もアルミ製が主体ですが、伝統的な日本家屋だと木部はかなりの量になります。ですから、家ごとに工事料金は異なります。使用する塗料の種類や施工方法によっても、違いが出ます。この見積もりでは一般的なゴム系弾性塗料のローラー仕上げを想定しています。

●外壁塗装の場合は足場を必ずかけること

正しい塗装工事は壁と木部の全塗装で約六日です。少し標準より大きい家や、入母屋の軒天井の塗装などは時間がかかるので一日分位余分にみておきます。

工事の流れですが、まず全面に足場を架けます。搬入してきた足場を一日で組み立てます。この日に業者の責任者は近所にタオルなどを持ってあいさつに回るのが一般的です。最近、安くしようと足場をかけずに、壁や木部の塗装をする業者や職人がいますが、これは間違いです。両方の足に重心をかけて足場に立たないと良い仕事はできません。

次に、塗料がお隣に飛散したり植木を汚さないようにシートでおおって養生をします。時間があれば、その日のうちに水洗いを始めます。高圧水洗機を使って壁についたほこりや汚れを除去するのですが、古い家の壁の場合は壁を傷めることがあるので注意が必要です。ひび割れの多い壁に高圧水洗機を使うと、窓枠と壁のすきまから室内に水が入る危険があるためです。このような壁の場合は手洗いで洗ったり、次の下塗りの工程でシーラーを多く塗って下地を補強することが必要になります。ですから、養生後、下地の状態をよく見て水洗いをどうするか判断します（昔は水洗いではなく手作業で掃除をしていたので、古

外装塗装工事（外壁・木部の塗装）の見積例（消費税別途）

一般住宅約30坪（窓のサッシ、雨戸、ベランダ、玄関ドアはアルミ製）の場合

●

壁面積（窓を除く）140m²、足場面積（窓も含む）170m²として

1	足場架設架払	170m²×1,000円	170,000円
2	水洗い	140m²×300円	42,000円
3	養生	140m²×300円	42,000円
4	下地調整	140m²×200円	28,000円
5	下地剤シーラー （石油缶1.5缶）	140m²×800円	112,000円
6	弾性塗料（石油缶6缶） ローラー仕上げ2回塗り	140m²×1,200円	168,000円
7	木部ペンキ		
	破風板	42m×900円	37,800円
	軒天井	38m×1,200円	45,600円
	窓枠	18ヶ×4,000円	72,000円
	小計		717,400円
8	諸経費	8%	57,392円
	合計		774,792円

※諸経費について

諸経費とは、現場管理費です。管理のための人件費、運搬費、通信費、損害保険費です。100万円を越える場合は、一般的に5%です。100万円以下の場合は、8%〜10%です。何故なら10万円の工事でも、100万円の工事でも、同じようにお客様との打合わせから、現場下見、職人との打合わせ、完成引渡しの立ち会いなどがあるからです。

い壁を痛めることはありませんでした)。

水洗いが終わると、翌日は一日乾かして、二日後から壁の仕事に入ります。ただし、業者によっては段取りを良くしておいて、休まずに水洗いで濡れなかった軒天井や破風板の下地調整と下塗りをする場合もあります。

木部の下地調整というのは、はがれ出した古い塗料をサンドペーパーでていねいに落とすことです。下塗りは、古くなった材木にムラなく仕上げ塗料が塗れるよう、グレー系の下塗り専用剤を塗ります。なお、新しく塗ると通常ピカピカ光りますが、あまりにも古くなった破風板材木はこの下塗りをしてもツヤが出ません。ツヤが出ない部分は腐食が起こっているためです。木部は三年に一度の塗装という理由はここにあるわけです。

木部の下塗りが終わると、窓枠や戸袋、軒下、植木などを、塗料で汚さないようにシートで養生します。

●古くなった壁の下地処理が一番のポイント

次に壁の下地調整です。ここで行うのはひび割れの点検調整です。

昔は壁のひび割れにはコーキングといって、防水コーキングなどを注入充てんしたものですが、その後に塗装をしても元のひび割れの筋が出て見栄えが悪いものでした。

現在では塗料が良くなりましたので、コーキングをしないで、二ミリ程度のひびはゴム系の弾性塗料をローラーで押し込みながら塗れば解決します。ひびが埋まり、段差もできません。ただし、塗料をかなり厚く塗らないと効果が出ません。中には十分な量の塗料を塗らない業者も多いので注意が必要です。五ミリ程度の大きなひびの場合は、ひびの部分をV字型にカットしてモルタルを塗り、新築同様の状態に壁を造ってから塗装すると、きれいに仕上がります。どのひびをどう処理するかは、工事前に業者と一緒に壁を点検して打ち合わせておくとよいでしょう。

ひび割れの点検調整が済むとシーラー(プライマーともいいます)という下塗り剤を塗ります。これは古くなった壁を均一に仕上げるための下地剤ですが、古い壁と新しい塗料の接着剤の役目も果たします。壁の寿命を伸ばすには、このシーラーが非常に大事です。

壁がかなり古くて水洗いができないような場合も、シーラーを通常の倍量程度塗って下地をしっかりさせれば、また長持ちします。古い壁は石膏ボードのようにどんどん水を吸い込む状態になっていますが、シーラーを十分塗ればその状態を止められるわけです。

シーラーの塗り方が足りなかった壁は、プロが見れば一目瞭然です。極端に古い家の壁でなくても、思ったよりシーラーの吸い込みが激しく、一回目を塗り終わって二回目の途中で材料がなくなる場合があります。業者がシーラーをもう一缶追加しないで「まあいいや」と仕上げ塗料を塗ってしまった場合、一年も経つと、二回目を塗らなかった壁の部分だけ色が変わってくるのです。プロならば「あそこでシーラーがなくなって塗るのを止めたな」とわかります。ですから、経験と良識のある業者を選ぶことは大切なのです。

●壁の仕上げ塗料を塗り、木部を塗装して完了

下塗りが終わると、壁の仕上げ塗料を塗ります。今はローラーで仕上げるゴム系弾性塗料が主流です。この時に模様のパターンの上からローラーで塗料を塗っていくと、模様の付いた壁になります。例えば、職人二人で塗る場合はおのおの二面の壁を担当したり、一階と二階の壁に分かれて担当して、一回塗りを午前中で、二回塗り仕上げを午後に終わらせます。これで壁の塗装は終わりです。

なお、仕上げ塗料の種類ですが、各メーカーから耐久性を高めた塗料が発売されていま

す。一般的なアクリル樹脂塗料をはじめ、セラミックやウレタン樹脂、シリコン樹脂、フッ素樹脂を使用した塗料があり、それぞれ特徴があります。カビの発生を防ぐ「防カビ塗装」や、汚れを付きにくくする「低汚染型塗料」、水は通さず湿気と空気を通す「透湿度型塗料」など、高機能型の新しい塗料も出ています。どれを選ぶかによって予算も変わりますので、特徴の違いを業者に説明してもらって選んでください。

さて、壁の塗装が終わると木部の仕上げです。木部専用の仕上げ塗料を塗っていきます。木部が終わると業者の責任者が全部の点検をして、足場をはずします。家のまわりの掃除片付けをして完了です。

材料のシーラーと塗料の空き缶は、施主が約束の数だけ使われたか確認したら、業者に持ち帰ってもらう方が資源ゴミ処理の点でも助かると思います。

●七〇万円で五〜六年、八五万円なら一〇年持つ塗装ができる

一回目の外壁塗装は築六年目が目安と言いましたが、その後はどんなタイミングで塗り替えていくといいでしょうか。

今の塗装のやり方の場合、一般的には五、六年に一度、つまり二〇年の間に三回塗り替えるのが目安です。六年目以降は、一二年目、一八年目が塗り替えのタイミングです。

しかし、今後は家の寿命を二〇年程度ではなく、五〇年、一〇〇年に伸ばそうという時代です。家の寿命が五〇年とすると、五、六年に一度として一〇回程度塗装しなければなりません。平均的な工事金額が約七〇万円としても、大変な出費がかかります。そこで、私は、これからは一〇年に一度の塗り替えで済む外壁塗装に切り替えてはどうかと消費者の方々に提案しています。

一〇年に一度なら、五〇年の間に五回です。しかも、二倍長持ちさせるからといって、工事料金が二倍かかるわけではありません。今までの二倍長持ちさせるには、下塗り剤のシーラーと塗料の材料を二倍使えばよいだけです。後の足場代や養生、水洗い、木部塗装などの料金は変わりませんから、基本的に増えるのは材料代だけです。一般的な家の見積り例は七〇～八〇万円となっていますが、この場合、材料代を二倍にしても、全体では二〇％アップの八五～九六万円です。約一五万円の差で一〇年持つ外壁塗装ができます。たった二〇％でそんなに持ちが違うのかと、意外に思う方もいらっしゃるかもしれませんが、事実なのです。

掲載した見積もりはあくまでも一つの基準であって、寿命をもっと伸ばしたいと思ったら塗料六缶のところを一二缶使ってください。シーラーも同じく二倍です。そうすると、多少の揺れなどの原因で壁面にひびが入っても表面に亀裂が発生しません。

なるほどと思われた方は、次回、外壁塗装を考える時は業者に一言相談してください。誠実な業者なら良識的な見積もりを持ってきて、きちんと一〇年持つ塗装をします。七〇万円が八五万円になるのは一見高いと思えますが、長い目で見ると結果的には割安です。五〇年住宅の時代は、外壁塗装の考え方も変えたいものです。

●心配ない壁のひび割れと、原因に不安のあるひび割れ

塗装業者の中には、まだ塗装したばかりの家の壁に小さなひび割れを見つけて、「大変です。家の中に水が入ります」とおどかす営業マンもいるようです。おどされたら不安になるだろうと思いますが、深さ二～三ミリ以内の髪の毛程度のひびはヘアークラックといって、心配することはありません。

もしも五ミリ以上の太いひびができているとすると、道路の振動などの原因で、建物が

揺れすぎるためと思われます。筋交い不足といった建物の構造や基礎工事、あるいは地盤沈下が原因であることも考えられます。

私が経験した例では、あるお客様から「自分の家は一階の壁は何ともないが、二階の壁だけはたくさんひびが入っている」というご相談を受けました。そのお宅は、一階部分が大きくて二階部分が小さい「おかぐら」という形の家です。おかしいと思って調べると、何と二階部分の柱に筋交いが入っていませんでした。おまけに内壁も打っていないため、外装のモルタルが内壁の中に入り込んでいました。壁の強度が全く足りないために、二階だけにひびがたくさんできていたのです。

このように変な具合にひびができていたり、築年数の割に太いひびが多い場合などは、業者に原因を突き止めてもらう必要があります。

屋根工事の計画から完成まで

●屋根は風雨に耐えて家を守る一番重要な部分

自分の家の屋根を上からじっくり見たことがある方は少ないのではないかと思います。家から離れていくと、やっと横から見える程度です。屋根は外回りで一番見えにくいところにあるだけに見逃されがちですが、家が風雨に耐えるための一番大切な場所です。

屋根材の種類は、大きく分けるとスレート系、粘土系、金属系の三つです。

スレート系の代表がコロニアルで、これが現在使われている屋根材の主流です。七割程のシェアを占めていると言われます。コロニアルという呼び名で通っていますが、これはメーカーのクボタ(久保田鉄工)の商品名です。正式にはカラーベスト・コロニアルと言うため、カラーベストと呼ばれることもあります。材質は特殊石綿セメント板です。色陶磁器粉を混入して色付けしているので、カラフルで色落ちがなく、耐久性にも優れているということで好まれ、急速に普及しました。

粘土系は従来の伝統的な日本瓦が代表です。陶器のようなつやが特長です。塗り替えの必要のないものです。最近の日本瓦は更に改良されてきましたが、二〇年前の瓦には性能の悪いものもあり、塗り替えの必要な瓦もあります。

土台がしっかりしているのなら、いつまでも長持ちする日本瓦は最高です。三〇～四〇年前のセメント瓦は、完全に塗り替えるか、全面新しい瓦に取り替えるべきです。日本瓦で雨漏りしているのは、これらの瓦です。

リフォーム用瓦として人気を得たものに、セキスイが瓦Uという商品名で販売しているものがあり、五年程前から人気が出ています。丸みを帯びた形で瓦の感じを出したもので、軽い瓦ではトップシェアですが、ナショナルのニューウェーブという商品や、金属瓦の各メーカーが更に新しい商品を開発して、これも人気が出ています。

阪神・淡路大震災の際に屋根の重みで倒壊した家が話題になった影響か、軽い瓦は人気を博しています。しかし今のところ値段が高いのが難点です。

また、各メーカー共、試作した頃は問題も起こっていました。コロニアルから金属系の瓦にふき替えたお宅で「雨音がうるさい」というクレームが出たことがありました。当時は瓦の形状が直線的で雨をまともにはじくために、音の問題が出たようです。その後、瓦をアール形にするなど改良が重ねられたので、現在は防音性が高くなっています。

また、金属系では昔からトタン屋根が多く使用されています。北海道や東北など雪の多い地方では金属系の屋根がほとんどです。トタン屋根も最近は改良が進んでおり、トタンに厚みを持たせて内部にウレタン断熱材を付けたものなど、防音効果、断熱効果を高くした新製品が出ています。

どんな種類の屋根材を使っているかによって、屋根のメンテナンスの方法とタイミングも様々に違ってきます。

●コロニアル屋根は築七~八年目に最初の塗装

一〇軒のうち七軒が使っているというコロニアル屋根の場合、築七~八年目になると防水性がなくなってくるので塗装をします。

一一三ページの概算見積例は、築一五年未満の一般的な三〇坪の家の場合の予算の一例です。実際には築年数も屋根の形状も違うため、家によって金額が異なります。業者の説明をよく聞いて決めてください。

工事の流れですが、屋根塗装の場合はまず水洗いをします。はしごを架けて屋根に登って、ワイヤブラシで屋根の汚れをこすり落とします。

この時、築七～八年目の家と築一五～一六年目の家では汚れがかなり違います。特に一五年ほど経って一回目の塗装をする場合、ほこりやコケがたくさん付着していて簡単には落ちません。二人の職人で一日がかりの仕事になることもあるのです。築年数や周囲の環境によって屋根の汚れが違いますので、その状態によって水洗いの料金は変わると考えてください。水洗いでていねいに汚れを落としてもらうことが大切です。業者によっては、時間もない、予算も出ないとなると、コケがあってもそのままにして上から塗装してしまう場合があります。

水洗いが終わると二日間は乾かします。翌日すぐ次の作業に入る職人もいますが、夏場のかんかん照りの時でない限り、無理があると思います。

屋根が完全に乾燥してから下塗り剤のシーラーを塗っていきます。外壁塗装でも説明しましたが、均一に仕上げるための下地材であり、古い瓦と新しい塗料をしっかり密着させる接着剤でもあります。屋根の場合も古いものほどシーラーを吸い込みますが、長持ちさせるためには、予算と時間がかかってもシーラーを十分に塗ることが大切です。

シーラーは二、三時間で乾きますので、ローラーを使って屋根専用塗料で仕上げます。この塗料も十分な量を使うことが大切です。

ローラーで塗料を塗っていく時の注意点ですが、瓦の重なり合う部分のすき間が塗料でふさがると、瓦の内側に侵入した水の逃げ道がなくなり、雨漏りの原因になる場合があります。心ある塗装職人なら、ローラーできちんと塗料を塗って、ふさがったすき間をカッターナイフで切ってくれるでしょう。しかし、この作業は手間がかかります。時間も予算もないという仕事の場合は、やむなく省略する職人も多いようです。この点でも、業者に適正料金で工事を依頼することの大切さを、おわかりいただけるのではないかと思います。

コロニアル屋根塗装工事の見積例（消費税別途）

●

屋根面積約100m^2（30坪）として

1	水洗い		40,000円
2	下地剤シーラー		70,000円
3	屋根専用塗料		130,000円
	小計		240,000円
4	諸経費	8%	19,200円
	合計		259,200円

●築一五年以上経ったら瓦のふき替えを検討

コロニアル屋根で築七～八年目に一回目の塗装をした場合、二回目の塗装のタイミングは築一五～一六年目です。この時は、まず屋根の状態を業者によく点検してもらってください。汚れがそれほどひどくなく、瓦も割れていない場合は、塗り直すだけで大丈夫です。ほこりやコケをよく落としてシーラーを十分に塗り、塗装すればまた七～八年持つでしょう。しかし、瓦の割れが多い場合は瓦のふき替えを検討する時期です。古くなったコロニアルは割れやすく、テレビのアンテナ修理などで屋根に人が上がったりするとよくひび割れを起こします。いずれにしても、コロニアルの寿命は塗り替え三回で限界だと思います。

また、クボタが開発したコロニアルのリフレッシュ塗装というものがあります。料金は一般的な塗装の二倍近くかかりますが、約二〇年とかなり長持ちします。

ただし、築一五年～二〇年が経っている場合は、屋根を支えている野地板が痛んでいて、そろそろ取り替える時期が近づいています。屋根に上がって瓦をはがして、野地板が腐食していないか、そのままで持つのか、業者によく点検してもらってください。

新しく瓦をふき替える場合は、またコロニアル屋根にするのか、あるいは軽い瓦にするのか、瓦の種類を検討することになります。前のページで説明したように、スレート系、粘土系、金属系の色々な瓦があります。メーカーのパンフレットを集めたり、業者に説明を聞いて、好みや予算に合った瓦を選ぶとよいでしょう。

なお、屋根メーカーは商品開発に熱心で新製品が次々に出てきますが、発売後に改良されることも多いようです。ある程度人気の定着している製品を選ぶ方が、賢明であろうと思います。

もう一つ、屋根の塗装や瓦のふき替えを検討する時に考えなければならないのが、「あと何年その家に住むのか」ということです。一〇年経ったら建て替えようかという計画がある場合は、高いが長持ちするプランより、安くて一〇年程度持つプランが経済的です。その意味で、築一五年~二〇年目は非常に難しい時期と言えます。いくら今後は五〇年住宅といっても、これから建てる家の話なのであって、一〇年、二〇年も前に建てられた家はもっと短い寿命を想定して造られているため、リフォームしても限界があるのです。その判断は耐震診断によって決めることです。

●古いコロニアル瓦の上に軽い瓦を乗せる

瓦Uやニューウェーブと、金属系の軽い瓦は、重量が日本瓦の四分の一から八分の一と非常に軽いのです。柱や土台に自信のない家にはお勧めできる瓦です。材質性能面では、冬の暖房効果はあまり期待できませんが、夏の断熱効果は確かにあります。

コロニアル屋根とトタン瓦棒引屋根の家の場合は、軽い瓦を新しくふき替える時、今までの古い瓦をそのままにして上から乗せることができます。軽い瓦だからこそ可能な施工方法です。今、これが人気になっています。

人気の理由は価格面です。というのも最近、古い瓦の解体処分費が高騰してきました。産業廃棄物は大きな問題です。廃棄物の分別に手間がかかり、処分料も以前の倍以上になってきました。例えば、三〇坪の家で瓦を解体処分すると平均して二五万円程度が必要です。古い瓦を捨てない場合はこの解体処分費が不要なため、消費者に歓迎されているわけです。しかし、価格面を除けば、古い瓦を捨てて新しい瓦を取り付ける方が家のためには良いのです。よく検討した上で決めてください。

概算見積例は一一九ページの(1)です。一般的な三〇坪の家で、下地は現状のまま新しい瓦を取り付ける場合の予算の一例です。

この場合、工事の手順は、まず屋根を掃除点検してから、その上にルーフィングと呼ばれる防水紙を全面に敷きます。次に木工事にかかります。瓦桟ができたら、瓦Uなどの軽い瓦を取り付けていくわけです。

続いて板金工事となりますが、これについては少し後で説明します。

●古い瓦は撤去して新しい瓦をふき替えるのが理想

解体処分費はかかりますが、予算に余裕があれば、古い瓦はできる限り撤去して新しい瓦をふき替えることをお勧めします。

瓦Uなどの軽い瓦は、一軒の総重量が平均二・五トン程度、コロニアルは平均五トン程度です。瓦Uなどが軽いからといっても、コロニアルの上に乗せれば合計七・五トンになるのです。これではせっかくの軽さのメリットがなくなってしまいます。

それに、リフォームで一番肝心なのは古くなった家の中の状態を確認するということです。瓦を撤去しないと、下の野地板の状態をチェックして補修することができません。屋根のふき替えは野地板を点検できるいい機会なのです。せっかくのリフォームですから、大事な屋根の下地の部分をしっかり補修してください。どうせなら家の寿命を伸ばすようなリフォームをしたいものです。

古い瓦を撤去して新しい瓦を取り付ける場合、概算見積例は一一九ページ(2)のようになります。予算の一例として参考にしてください。ここではコロニアル瓦を取り付けるものとして算出しています。瓦Uなどの軽い瓦を取り付ける場合は、同ページの概算見積例(1)に(2)の1と2(瓦の解体、撤去・処分)を加算した金額になります。

いずれの場合も、工事の手順は、古い瓦の解体・撤去からとなります。

瓦がすっかり取り払われたら野地板の点検と張り替えをします。この時、もしも雨漏りが起きているところがあれば、野地板が痛んでいるはずですから、そこを重点的にチェックしてもらってください。全体に腐食していれば全面張り替えをします。場合によっては部分的な張り替えで済むこともあります。もうおわかりだと思いますが、見積もりは野地板の状態によって大きく変わってきます。

野地板の点検と張り替えが終わったら、全面に防水紙を敷きます。次に木工事です。防水紙の上に、瓦を引っかける瓦桟を造っていきます。そして、瓦Uなどの新しい瓦を取り

屋根ふき替え工事の見積例(1)(消費税別途)

下地は現状のまま、元の瓦の上にセキスイ瓦Uなどの軽い瓦を取り付ける場合

●

屋根面積約100m^2(30坪)として

1	掃除点検をしてから木工事		250,000円
2	防水紙貼り		60,000円
3	板金工事(コーナー・壁際)		250,000円
4	瓦・取付費共		1,200,000円
	小計		1,760,000円
5	諸経費	5%	88,000円
	合計		1,848,000円

屋根ふき替え工事の見積例(2)(消費税別途)

古い瓦を解体・撤去してコロニアル瓦を取り付ける場合

●

屋根面積約100m^2(30坪)として

1	古いコロニアル瓦の解体		80,000円
2	古いコロニアル瓦の撤去・処分		160,000円
3	防水紙の取り替え		60,000円
4	瓦・取付費共		600,000円
5	板金工事(笠木・水切り)		150,000円
	小計		1,050,000円
6	諸経費	5%	52,500円
	合計		1,102,500円

付けます。

●板金工事・雨トイ工事の注意点

瓦を取り付ける前と後に必要なのが板金工事です。

外壁と屋根が接するコーナーや壁際には、雨水が内部に侵入しないように水切りと呼ばれる金属板が入っていて、雨水が外部に落ちるようになっています。屋根をふき替える時は、この水切りが腐食していないかを点検して取り替えます。また、屋根のてっぺんには棟笠木と呼ばれる金属板が取り付けられています。棟笠木も点検して、腐食している場合は取り替えます。これが板金工事です。

水切りや棟笠木はできれば全部を取り替えるのが理想的です。使用する素材はトタンが一般的ですが、余裕があれば銅の方がいいでしょう。このように、取り替え箇所や素材によっても、板金工事の費用は大きく変わります。

屋根のふき替え工事の際は、他にも様々な工事が付随して発生しがちです。

一番多いのは雨トイ工事です。瓦の鼻の取り付け方によって雨トイの位置も変わることがあるため、その部分だけ雨トイ工事が必要になります。今の雨トイをなるべく生かしたい場合は、業者に言っておくと瓦を組む時に考えてくれます。ただし、築一五年も経っている場合は雨トイも痛んでいるため、屋根工事の機会に全部交換するお宅も多いようです。新しい雨トイは集中豪雨の時でも水を周りにはじかないように、幅の広いものをお勧めします。

その他、板金工事に付随して、壁の一部分のモルタル工事と塗装工事が追加になる場合もあります。そうすると、一部分だけ外壁の色が変わるため、この際だから外壁全部を塗り替えておきますという家もあるわけです。最初の打ち合わせの時、どんな工事が付随して出てきそうか、業者とよく相談しておくといいでしょう。

水回り工事の計画から完成まで

●家の中で最も老朽化の進みやすい浴室

昔も今も日本人はお風呂好きです。古くなった浴室を一新して明るく快適なバスルームにリフォームすれば、ご家族全員に喜ばれるでしょう。

日常的に大量の水を使う浴室は、家の中でも老朽化が一番早く進む部分でもあります。「築一〇年から一二年位で何らかの補修が必要。少なくとも築一五年までにリフォームするのが望ましい」と指摘する専門家もいます。

壁や天井がカビで黒ずんだり、タイルのひび割れ、水漏れなどが目立っているようなら、そろそろリフォームを考える時期でしょう。タイミングを逃さないで浴室をリフォームすれば、気持ちが良いだけでなく、家の寿命を伸ばすためにも役立つのです。

浴室のリフォームには専門家のチェックと信頼できる確かな技術が必須です。悪質な業者の手にかかると、水漏れや湿気の対策がないがしろにされ、後々土台が腐るなどの被害に遭いかねません。必ず信頼できる業者を選んでください。

水回りのリフォームにはインテリアコーディネートのセンスも必要です。担当者などが施主の家族からどんな浴室にしたいのか細かい希望や好みを聞いて、予算内で何種類かプランを提案してくれるようなら安心です。事前の打ち合わせには時間をかけましょう。

●二種類ある浴室の全面改装工事

浴室の全面改装には、在来工法による浴室造りとユニットバス設置の二通りの方法があります。まず、どちらかを選ばなければなりません。

在来工法は、モルタル工事から浴槽の設置、窓の取付け、タイル張りまで、七〜八種類の工程を幾人かの職人によって進めるため日数がかかります。とはいえ、今までの広さをそのまま利用できて、自由なプランを立てられるのは在来工法ならではのメリットです。

一方、ユニットバスは既存の浴室を解体し、排水工事を済ませ、ユニットを組み込んでガスと水道と電気の工事を済ませば完了ですから、着工後三日で入浴できます。難点は今までの浴室より、ユニットバスの壁の部分だけ多少狭くなることです。

〇・七五坪、一坪、一・二五坪といったユニットバスの寸法に浴室のスペースを合わせなければならないため、既存の洗面室や脱衣所との間仕切り壁を撤去して改装することもあります。どうしても広い浴室にしたい場合は間仕切り壁を撤去して、洗面室を狭くするかわりに浴室を広くすることができます。逆に、ユニットバスを入れて浴室のスペースがあまったら、新しい壁はユニットバスにぴったりつけて造ると洗面室が広くなります。

たしかにユニットバスのメリットは多いのです。素材的に保温性や防水性、気密性に非常に優れています。一体型ですから掃除やメンテナンスも簡単です。狭さも使用してみると思ったほどには感じないものです。

ショールームなどで実際に見て、じっくり検討するといいでしょう。

●土台の腐食具合をよく確認

在来工法による浴室造りの場合も、ユニットバス設置の場合も、既存の浴室を解体したら、その下にある土台の部分がどのぐらい腐食しているか、業者によく確かめてもらってください。古い家の浴室をリフォームする場合は、ここが一番大切な点です。

しかし、業者や職人の中には悪い者もいて、この腐食の程度を大げさに言って、一万円で済むところを一〇万円も請求するような場合があります。そこで、消費者の方々が自分でもチェックできるように、おおまかな判断と補修方法の目安をお教えましょう。

(1) 土台の角材がボロボロになって、さわると落ちるほどひどい場合。
　↓全部取り替えます。

(2) 土台の角材が黒く変色して、部分的に弱くなっている。
　↓部分的に取り替えます。

(3) 変色はしているが、げんのう(カナヅチ)で打っても破片にならない。
　↓乾燥させてから防腐剤、白アリ処理剤を塗れば大丈夫です。

ただし、これはあくまでも目安です。微妙な部分の的確な判断は経験豊富なベテランでないと難しいので、信頼できる業者や職人に相談して決めてください。

土台の補修費用については、〇・七五坪程度の浴室とすると、(1)の全面取り替えは材料・工事共で六万円程度、(2)の部分取り替えは材料・工事共で三万円程度、(3)の防腐剤、白アリ処理剤は腰高まで全部塗って一万円程度が平均的な目安です。これはあくまでも概算で、その家の状況によって値段は異なります。

なお、特に風通しが悪かったり湿気の多い土地の場合は、家の基礎を湿気から守るため、キッチンの土台下や洗面室の土台下に強制換気扇を設置することをお勧めします。センサーが湿気を察知すると、モーター付きのファンが自動的に回り、土台の換気口から湿気を追い出してくれるものです。これを付けると家の寿命をさらに伸ばすことができます。

●在来工法による浴室リフォーム

在来工法で浴室を造る場合は、先の説明でも少し述べましたが、左官業者、水道業者、タイル業者、電気業者、ガス業者、建具業者など、何人もの職人さんが家に入ります。半

在来工法による浴室リフォーム工事の見積例（消費税別途）

1坪の浴室の場合

●

1	解体工事及び撤去・処分 （天井、壁タイル、床タイル、浴槽）		120,000円
2	木工事　耐水コンパネ（天井、壁、窓枠）		150,000円
3	左官工事　モルタル、ブロック（床、壁）		100,000円
4	水道工事　給水、給湯、排水		100,000円
5	電気工事　照明、配線、換気扇		70,000円
6	浴槽（人造大理石）		130,000円
	同上取付費		20,000円
	シャワー（オート式）		50,000円
	蛇口（オート式）		50,000円
	排水大型目皿		10,000円
7	アルミドア及び窓サッシ・取付費共		100,000円
8	タイル工事（床、窓、全面）		300,000円
9	補修、雑工事、予備費		100,000円
	小計		1,300,000円
10	諸経費	5%	65,000円
	合計		1,365,000円

日から一日単位で職人の予定を組んで、一〇日程度の工期となります。

工事が始まる前に、工程表を作っておいてもらうと、施主のご家族がそれに合わせた生活プランを立てやすいでしょう。ただし、工程表は天候に左右されますので、明日、明後日の工程はそのつど再確認するようにします。

一二七ページの概算見積例は、一坪の広さの浴室を在来工法でリフォームした場合の予算の一例です。あくまでも概算目安ですから、この計算を参考にして判断してください。

在来工法による浴室の広さは、一五年前位までに新築された家では〇・七五坪が多かったのですが、最近では一坪が主流になってきました。しかし、〇・七五坪でも一坪でも、見積もり価格としてはあまり変わりません。一見、狭い方が安そうですが、タイルの枚数とモルタルの量が少し違う程度で、むしろ工事の手間がかかります。例えば、耐水コンパネも、一坪の場合は畳一枚分のコンパネを三枚張ればよいのですが、〇・七五坪の場合は寸法を詰めてカットしなければならないわけです。

〇・七五坪と一・二五坪の場合についても総額の見積もり概算を算出しておきます。一坪で一三〇万円の概算です。〇・七五坪の場合はタイルとモルタルの差額で九万円安くなり一二一万円、一・二五坪の場合は一四八万円の概算となります。いずれも標準仕様です。

なお、先に述べた浴室の土台の補修費は見積もり例に含まれていません。別途で考えてください。

●ユニットバスによる浴室リフォーム

ユニットバスは商品の種類が豊富で目移りしますが、家のためを考えると、ユニットバス全体の重量を支える基礎部分もチェックして選びたいものです。

浴室にはどれだけの重量がかかっているか知っていますか。平均的な浴槽に入るお湯は約三〇〇kg、それに壁・窓・浴槽・床その他浴室全体の重さが約四〇〇kg、そこに親子で入ると総計八〇〇kg近い重さがかかることになるのです。しかも、水と熱を使い、湿気が絶えない場所だけに、ユニットバスを支える架台は、構造がしっかりしていなければなりません。素材はサビや腐食に強いステンレス架台が良いでしょう。

ユニットバス設置の場合、工期は短く、施主のご家族の負担が軽くなります。既存の浴室を解体してユニットバスが入る寸法を作っておけば、その日のうちに組み立て、ガス、水道、電気工事の業者が次々に作業をして完了です。当日の夜は入浴ができます。

価格の点でも、ユニットバスの方が在来工法より若干安いのです(どちらもスタンダードクラスで考えた場合)。ただし、一戸建の場合、壁を壊す問題があります。ユニットバスは上下に分かれていますが、組み立てや配管の取り継ぎがあり、外側の壁にサッシ窓を付ける場合、壁を壊さなければなりません。その費用を含めると在来工法より若干高くなる場合もあります。

壁の解体によって起こる費用のトラブル防止のために、概算をお教えします。ユニットバスが入る分の解体というと、外壁で幅約一八〇〇×高さ約二五〇〇です。解体手間は約三万円(内部の解体と一緒にできます)。処分搬出が一万円(内部の処分と一緒にできます)。ユニットバス設置後の外壁補修費は、木工事三万円、モルタル工事三万円、塗装工事(ローラー仕上げ)二万円です。あくまでも概算目安で、家の状態によって異なります。

一三一ページの概算見積例は、〇・七五坪の広さのユニットバス(スタンダードクラス)を設置する場合の予算の一例です。あくまでも概算目安ですから、この計算を参考にして判断してください。壁の解体費と、先に述べた浴室の土台の補修費は別途となっています。古い浴室の解体からユニットバス取付までの概算は〇・七五坪で一一〇万円です。一坪で

ユニットバスによる浴室リフォーム工事の見積例（消費税別途）

0.75坪のユニットバスの場合

●

1	解体工事及び撤去･処分 （在来工法の時と同じ）		120,000円
2	木工事 （ユニットバスが入るため天井などは不要）		100,000円
3	左官工事（壁など）		70,000円
4	水道工事（在来工法の時と同じ）		100,000円
5	ユニットバス （照明、換気扇、浴槽、シャワー、蛇口、 排水目皿、タイル、サッシ窓、 入口アルミドア、棚、カガミ付）		600,000円
	同上取付費		110,000円
	小計		1,100,000円
6	諸経費	5%	55,000円
	合計		1,155,000円

は一二三万円、一・二五一坪では一四九万円の概算となります。

●古くなった給湯器はいっしょに交換

リフォームで浴室工事をする場合に点検しておきたいのが給湯器です。給湯器は築一〇年目位でダメになって取り替える例が多いので、リフォームの計画時に点検をします。二、三年前に取り替えた場合で給湯能力も十分あると判断したら、その給湯器を使い続けていいでしょう。一〇数年以上も同じ給湯器を使っている場合は給湯能力も弱く、寿命がきているので、新しい給湯器に交換することをお勧めします。

給湯器には都市ガス用、プロパン用、石油用があります。浴室、洗面、キッチンの三カ所で同時に使えて、お湯の出が悪くなったりしない三点給湯可能タイプや、浴室専用タイプなど、色々な種類があります。

給湯器を取り替える場合は、見積もりに給湯器の商品代と取付費、古い給湯器の撤去処分費が加算されます。給湯器の値段は二〇万～四〇万円程度までありますので、信頼できる業者に相談して、自分の家に一番合った給湯器を選ぶといいでしょう。

●システムキッチンをリフォームする

ご家庭の奥様にとって、家の中でリフォームしたい箇所のナンバーワンはシステムキッチンかもしれません。最近のシステムキッチンは、シンクの排水が改良され、カウンターは人造大理石に、ガス台は掃除のしやすい安全なフラットタイプにと、相当にグレードアップしてきました。種類も豊富でぜいたくをいえばきりがありませんが、ここではスタンダードよりも少し上で中級程度のシステムキッチンの概算目安をお教えします。

一三五ページの概算見積例は予算の一例です。その家のキッチンの状態や工事の内容、システムキッチンのグレードによっても異なりますので、あくまでも参考例です。

例えば、今、流し台、調理台、ガス台が一列に並んでいて約二メートル七〇センチあるところに新しいシステムキッチン(右記の設備仕様で吊り戸棚、換気扇フード共)を設置した場合は、取付費込みで約七〇万円が平均です。これに水道工事、電気ガス工事、タイル工事、補修工事などが加算され、また、電子レンジ一体型オーブン、食器洗い機を組み込むと概算見積例の一二七万五千円になります。

システムキッチンは部屋のコーナーを有効に使えるL形を選ぶと、商品代が約一〇万円程度アップになります。同じ型のシステムキッチンでも、カウンターが人造大理石なのかステンレスなのか、また扉のデザインや材質の違いによっても値段が違います。色は冷蔵庫や食器棚、床、壁の色とのマッチングを考えて選ぶと良いでしょう。

タイル工事については、一〇〇角のタイルより大きめの一五〇角のタイルを選ぶとグレードアップします。予算は約一万円増です。また流し台の前に出窓を取り付ける場合は、流し台から出窓のカギまで奥様の手が届くかどうかを注意することがポイントです。

さらに、同時に床をフローリングにしたり、壁と天井のクロスも張り替えたりすると、キッチンの全面改装になります。その場合、施主の抱いているイメージと業者のイメージが食い違うことがあるので、プランを図面で提案してもらうといいでしょう。

インテリアコーディネートのセンスが豊かな担当者や、キッチンコーディネーターなどの資格を持つ専門家に入ってもらうと、奥様やご家族の細かい要望や好みのテイストを取り入れてプランを提案してくれますので、満足度の高いリフォームができると思います。

なお、床フローリング工事については一四三、一四五、一四九ページ、クロス工事については一五一ページを参照してください。

システムキッチンリフォーム工事の見積例（消費税別途）

I型2700サイズのシステムキッチンの場合

●

1	古い吊り戸棚、流し台、調理台、ガス台の撤去		35,000円
	同上処分		35,000円
2	古い水道排水の移設・撤去		40,000円
3	新しい水道排水の新設		60,000円
4	ガス工事　撤去・取付		20,000円
5	システムキッチン（15%値引）		600,000円
6	タイル工事　流し台の回り		35,000円
7	電子レンジ一体型オーブン		250,000円
8	食器洗浄乾燥機		130,000円
9	電気工事		40,000円
10	補修費		30,000円
	小計		1,275,000円
11	諸経費	5%	63,750円
	合計		1,338,750円

●トイレをリフォームする

温水洗浄便座はこの一〇年来の技術革新がめざましく、改良を重ねて非常に良いものが出てきました。温水洗浄便座も便器も交換して、明るい雰囲気のトイレに一新するリフォーム工事が人気です。

一三七ページの概算見積例は予算の一例です。その家のトイレの状態や工事の内容によっても異なりますので、あくまでも参考例です。

例えば、洋式トイレで、排水・配管もそのまま使えて、コンセントもある場合は、その分が概算見積例より安くなります。クロスは交換したいが床は今のままでいいのであれば、床工事も不要です。

和式トイレを洋式トイレに改装する場合は、少し大がかりです。古い便座やタンクを撤去処分するだけでなく、排水、配管を移動したり新設する必要が出てきます。壁から古い配管やタンクをはずした場合は壁の補修、便器の位置が変わった場合は床の穴の補修もしなければなりません。コンセントを付けるための電気工事、クロス工事も必要です。タイル張りの床をクッションフロアにする場合は、タイルをはがして床工事をします。

トイレリフォーム工事の見積例（消費税別途）

●

1	古い便座、タンクの撤去・処分		30,000円
2	排水、配管の移設及び新設		30,000円
3	温水洗浄便座（中級品）		70,000円
	電気工事（コンセントがない場合）		15,000円
4	便器・タンク（スタンダード）		65,000円
	同上取付工事		30,000円
	小計		240,000円
6	諸経費	8%	19,200円
	合計		259,200円

別途工事の見積例

●

クロス工事（壁全面）	28,000円
床　大工工事及びクッションフロア工事	35,000円

※壁・床に穴があいた場合などの補修費も別途となります。

概算見積例の温水洗浄便座は、温水洗浄、暖房便座、ビデ、ムーブ付き、着座センサー、便ふたソフト閉止、抗菌ノズル、ワンタッチ着脱の機能が付いた中級品の平均的な目安になっています。最近の消臭機能付きにした場合は約三万円増です。また便器も最近は抗菌仕様、防汚仕様のものなど掃除が楽で衛生的なタイプが人気です。

また、この他にも、照明、手洗いコーナー、トイレ収納、トイレ暖房などを新設したりするともっと本格的なリフォーム工事になります。

簡単に考えていても、意外に色々な問題が出てくることがあるのがトイレのリフォームです。チラシ広告を見て安いと思って話を聞くと、四〇％オフ、五〇％オフという値段は温水洗浄便座だけの値段で、それ以外の費用を含めるとトータルでは安くないということもあります。よく説明を聞いて納得した上で、信頼できる業者に依頼してください。

なお、クロス工事については一五一ページを参照してください。

その他のリフォーム工事をするには

●内装フローリング工事・六畳一間の場合

リフォームのフローリング工事は、既存床の問題があるため、新築の場合より手間のかかる仕事になります。フローリング材を既存床の上に直張りする場合は、仕上がり後の床がフローリング材の厚みの分だけ、今までより一二ミリ高くなりますので注意してください。このため敷居に影響して、ドアを開け閉めする時に引っかかるなど、色々な問題が起きる場合があるので、対処方法を考えなければなりません。

また、床下には根太と呼ばれる材木が架けられていて、床の重量を支えています。この根太材の痛み具合を点検して、必要があれば補強することが大切です。

張り替える木質フローリング材は、坪二万〜三万円程度のものをお勧めします。この程度のものなら、耐久性、耐クラック(ひび)性を高める処理をしてあるので長持ちします。あまり安いものは傷が付きやすく、水や湯などがあたると変色することもあります。工事の内容や概算費用は、既存の床の状態によって異なります。

そこで、六畳一間で木質フローリング床工事を行う場合について、既存の床が(1)パンチカーペット・じゅうたんの場合、(2)既存床がクッションフロアの場合、(3)既存床が木質フローリングの場合、(4)既存床が畳敷きの場合に分けて説明していきます。

1 既存床がパンチカーペット・じゅうたんの場合

パンチカーペットやじゅうたんが張られている床の場合は、それをはがします。撤去費は㎡五〇〇円位です。はがしたあとはクギや接着剤が残っていたりするので、取り除いてきれいにします。この下地調整費が㎡二千円位です。

はがしたパンチカーペットやじゅうたんは処分しなければなりません。処分費はパンチカーペットで六畳一間分で五千円位、じゅうたんで八千円位です。

フローリング材の取付工事費は坪一万五千円位が目安です。リフォームの場合、既存の壁や柱や敷居に合わせてフローリング材をカットして取り付けていくために手間がかかります。このため、新築の場合より高くなります。

また、どうしても巾木を撤去しなければならない場合、新しい木質巾木はm千円位です。しかし、最近のリフォーム工事では、古い巾木でも生かせる巾木は生かしています。コーナーは木質系専用のコークを使用しています。

六畳間の床面積は一〇㎡ですから、計算すると一四三ページの概算見積例(1)になります。

2 既存床がクッションフロアの場合

樹脂系のクッションフロアが張られている床の場合は、下地の全面に強力な接着剤を使って張ってあるので、まずきれいにはがれません。無理にはがしても、接着剤の凸凹が残ってきれいに取れません。このため、古いクッションフロアの上から木質フローリング材を直張りする場合がほとんどです。

クッションフロアは厚さも四ミリ位なので、上にフローリング材を直張りしても、敷居などに影響することはほとんどありません。

木質フローリング工事の見積例（1）（消費税別途）

6畳間の洋室で、既存床からカーペット・じゅうたんをはがしてフローリング材を張る場合

●

床面積10m^2（3坪）として

1	古いカーペットの撤去	10m^2×500円	5,000円
2	下地調整	10m^2×2,000円	20,000円
3	古いカーペットの処分一式		5,000円
4	木質フローリング材	10m^2×6,000円	60,000円
5	取付大工工事	10m^2×4,500円	45,000円
	小計		135,000円
6	諸経費	8%	10,800円
	合計		145,800円

※木質フローリングは箱入りで1坪単位です。仮に2.75坪のような場合でも3坪で計算します。

この場合の概算見積例は一四五ページの(2)ようになります。

ただし、直張りする場合は勝手口やサッシ戸の外側からフローリング材の断面(小口といいます)が見えてしまうため、これを隠すために、コーナー用アルミ材か木枠を取り付ける必要があります。この費用は別途で考えてください。m三千円位が目安です。

仮に仕上がり後の床が敷居より高くなってしまったら、敷居で調整するかコーナージョイントを利用してドアの高さを調整する方法があります。しかし、ドアと敷居が新しい一体型のものなら、手間がかかっても既存床を撤去して下げることを検討します。これらの費用も別途で考えてください。業者に相談して、予算に合わせて一番良い方法を取ることです。

3 既存床が木質フローリングの場合

木質フローリング材が張られている床の場合、基本的にはクッションフロアの時と同じように、上から木質フローリング材を直張りできます。

この場合、概算見積例は一四五ページの(2)ようになります。

もしも、木質フローリング材を直張りしたことで、仕上がり後の床が敷居より高くなっ

木質フローリング工事の見積例（2）（消費税別途）

6畳間の洋室で、クッションフロアまたは木質フローリングの既存床の上にフローリング材を直張りする場合

●

床面積10m²（3坪）として

1	木質フローリング材	10m²×6,000円	60,000円
2	取付大工工事	10m²×4,500円	45,000円
	小計		105,000円
3	諸経費	8%	8,400円
	合計		113,400円

※フローリング材の断面を隠すコーナー用アルミ材または木枠（勝手口の床やはき出し・サッシ戸の床に使用）の取付費は別途です。m3,000円位です。

木質フローリング工事の見積例（3）（消費税別途）

6畳間の洋室で、床材と根太を全部取り替えてフローリング材を張る場合

●

床面積10m²（3坪）として

1	既存床の撤去	10m²×1,600円	16,000円
2	既存根太の取替（材料・工賃共）	10m²×3,000円	30,000円
3	既存床及び根太の処分		8,000円
4	木質フローリング材	10m²×6,000円	60,000円
5	取付大工工事	10m²×4,500円	45,000円
	小計		159,000円
	諸経費	8%	12,720円
	合計		171,720円

た場合は、一応、クッションフロアの時と同様に対処します。

さて、ここまでの話は床下の根太がしっかりしている場合の話です。もしも床下の根太が古くなって腐食していれば、直張りはできません。既存床を撤去して根太を取り替える必要があります。直張りよりも工事が大がかりになります。

既存床を撤去し根太を取り替えてから木質フローリング材を張る場合、概算見積例は一四五ページの(3)のようになります。木質床材の撤去は㎡千六百円位です。根太の取り替えは㎡三千円位です。古い根太の処分費は六畳間分で八千円位です。一応、ここでは根太を全部取り替えるものとして計算しましたが、大抵の場合は一部を取り替えれば済みます。

根太が腐食しているかどうかは、床を歩いて感触を確かめ、沈む部分を丸ノコでカットして床下の状態を判断します。原因は根太ではなく、古い床材が虫にやられたり湿気で弱っているためであることが多いので、根太全部の取り替えはあまりありません。

なお、既存床を撤去する場合は、直張りの時と違って、フローリング床の高さを元と同じに仕上げられます。

4 既存床が畳敷きの場合

和室の畳敷きの床の場合は、一番大がかりな工事になります。概算見積例は一四九ページのようになります。まず畳をはがしますが、はがしたあとには畳と同じ厚さの根太材を入れます。フローリング材を張ったあとに、床の高さが既存の敷居などと同じ位の高さになるよう調整していきます。

また、和室を洋室にリフォームするには、壁も今までの真壁から大壁に造り替えます。大壁というのは柱を隠して壁を全面クロス貼りにすることです。和室を洋室にリフォームする場合は、障子などとの兼ね合いで柱を残しておくこともありますが、ほとんど大壁にしています。この場合、床と壁が接するコーナーに新しい巾木をぐるりと取り付けます。新しい巾木の取付費はm千円で計算しています。なお、壁工事とクロス工事については別途で考えてください。

なお、和室の畳の下の床材は洋室の床材とは構造が違うため、根太を補強する必要がある場合があります。また、床の高さを敷居の高さに合わせるために、根太材ではなくコンパネを使用する時もあります。どちらの場合も、良心的な業者や大工さんなら状況に合わせてうまくやってくれると思います。材料代は根太材よりコンパネの方が高くなりますが、高くなっても六畳一間でせいぜい一万円程度の差額です。下地は丈夫に造っておいてもらう方が後々安心でしょう。

●内装クロス工事・六畳一間の場合

壁や天井の古くなったクロスを貼り替えると、家の中がリフレッシュして雰囲気が変わります。最近のカタログは壁、天井の見本と写真が付き、コーディネートされたものがあって、大変選びやすくなっています。業者に相談すれば分厚いカタログを見せてくれますので、好みのものを選びましょう。

一五一ページの概算見積例は六畳一間のクロス貼替工事の予算の一例です。クロスは中級より下の普及品で算出しました。クロスの材料代は上下差が大きいので、あくまでも参考例として考えてください。

リフォームのクロス工事の場合、古いクロスをはがして、はがしたあとの下地調整もしなければなりません。また、はがしたクロスの処分も必要です。このため、新築のクロス

木質フローリング工事の見積例（4）（消費税別途）

6畳間の和室で、畳を撤去し下地床材を上げてフローリング材を張る場合

●

床面積10m²（3坪）として

1	畳の撤去・処分	6枚×3,000円	18,000円
2	畳分の根太工事	$10m^2$×4,000円	40,000円
3	木質フローリング材	$10m^2$×6,000円	60,000円
4	取付大工工事	$10m^2$×4,500円	45,000円
5	巾木取付	10m×1,000円	10,000円
	小計		173,000円
	諸経費	8%	13,840円
	合計		186,840円

※巾木を取り付けない場合でも既存の畳寄せとの木工調整のため10,000円程度かかります。

工事よりも手間がかかり、割高になるのです。

古いクロスのはがし手間は㎡二百円位です。下地調整（はがしたあとの凸凹やすき間の調整）は㎡三百円位です。古いクロスの処分費は六畳一間分で三千円位です。

六畳一間の場合、クロスを貼る壁面積は約三〇㎡です。新しいクロスの工事費は、クロス材料代㎡千円位のものを八百円位に値引きしてもらって、貼り手間賃は㎡七百円位ですから合計千五百円位として計算しました。

なお、クロスの柄は無地もので計算しています。柄ものクロスの場合はつなぎ目で柄と柄を合わせるためロスが出るので、二〇％前後余分に材料を用意する必要があります。

●玄関ドア工事は業者選びを慎重に

玄関といえば家の顔です。築一五年以上の建売住宅などでしたら、玄関ドアもそろそろ色あせて見えてくる頃ではないでしょうか。新しい今風の玄関ドアに取り替えると、家の印象が立派になって気分の良いものです。

最近は玄関ドアもアルミ製が主流です。風雨に強く、耐久性に優れています。種類も多

クロス貼替リフォーム工事の見積例（消費税別途）

6畳間の場合

●

壁面積30m²として

1	古いクロスのはがし	30m²×200円	6,000円
2	下地調整	30m²×300円	9,000円
3	古いクロスの搬出処分		3,000円
4	クロス（材料・工賃共）	30m²×1,500円	45,000円
	小計		63,000円
5	諸経費	8%	5,040円
	合計		68,040円

玄関ドアリフォーム工事の見積例（消費税別途）

アルミ玄関ドア（高さドアのみで2m・ガラス入り）の場合

●

1	古い玄関ドアの解体・撤去・処分		45,000円
2	壁回りの補修モルタル工事		30,000円
3	木製枠の取付、ペンキ塗装共		35,000円
4	アルミ玄関ドア（15%値引）取付費共		170,000円
5	床タイル補修工事		25,000円
	小計		305,000円
6	諸経費	8%	24,400円
	合計		329,400円

く、グレード感のある重厚なもの、ファッション性の高いものなど色々な商品が出ています。安いものは一〇万円台からあり、五〇万円、六〇万円の高級品もあります。

玄関ドアを取り替える場合は、古い玄関ドアを解体撤去したあとに新しい玄関ドアを取り付けます。ドアを壊す時に外の床のタイルが壊れるため、タイル補修工事が発生します。壁回りの補修モルタル工事が必要になることもあります。

このように、単純にドアを取り替えるだけでは済まない場合が出てくるので、必ず良い業者を選んでください。経験のない業者に頼むと、余分なところまで壊されたり、ドアが曲がって取り付けられたりと施工トラブルが起こることもあります。

一五一ページの概算見積例は玄関ドア取替工事の予算の一例です。ドアの価格は上下差が大きく、施工費も玄関の状態によってケースバイケースなので、あくまでも参考例として考えてください。見積もり例はアルミ製のドアで高さ二m、明かり取りのガラスが入っていて、防犯上も丈夫なタイプ、価格は二〇万円位のもので考えています。

●高齢者対応リフォームには市町村の補助金を活用

高齢者の増加にともなって、お年寄りを在宅で介護していたり、お年寄りがご夫婦だけで、またはお一人で住んでいるご家庭が多くなってきました。高齢者対応リフォームのニーズが増えて、メーカーやリフォーム業者の対応も進んできています。

家の中の多くの箇所でバリアフリー型のリフォームが可能です。身体機能の衰えてきた高齢者の方にとって暮らしやすく、安全な家になります。つまずきを防ぐために居室や水回りの段差をなくしてフラットフロアにしたり、玄関、廊下、トイレ、浴室など、お年寄りの生活動線に沿って手すりを取り付ける工事などが代表的です。

新しいユニットバスの中には、浴室用の車椅子が楽に出入りできる三枚引き戸や、いざという時にドア全体を取りはずせる折り戸タイプなど、あらゆる面から配慮された高齢者対応製品も出ています。

行政のサポートも充実してきました。高齢者が住宅リフォームによって在宅で自立して快適に暮らせるように、各市町村が高齢者住宅改造費助成制度を設けています。各市町村の補助対象者となっている方は補助金でリフォームができるため、利用する方が増えています。補助金の額は市町村によって違い、二〇万円位のところも五〇万円位のところもあります。まだこの制度を知らない方もいらっしゃるようですが、大いに利用されると良いと思います。業者に相談すれば、補助が受けられる条件や、手続きはどうすればいいかなど、ていねいに教えてくれるはずです。

私も市の介護福祉担当者やリハビリ担当の理学療法士と同行して、しばしば高齢者のお宅を訪ね、リフォーム工事のご相談を受けます。高齢者の方に実際に家の中を移動していただき、手すりを付けたい部分に印を付けていきます。一律にはできない仕事ですから、業者がその家ごとの事情を十分理解して、きめ細かく対応することが大切だと思います。

●耐震診断と耐震補強工事は転ばぬ先のつえ

一九九五年に起きた阪神・淡路大震災では多くの方々が犠牲になり、一〇万戸以上の家屋が倒壊しました。現在、耐震補強が必要な木造家屋は全国で約一八〇万棟あると言われます。特に、不安があるのは現在の新耐震基準より前の一九八一年(昭和五六年)以前に着工した建物です。かつては耐震性の基準が甘かったのです。老朽化の著しい建物、施工不良の建物も心配です。阪神・淡路大震災では一九八一年以前に建てられた建物の被害が大きく、建物の崩壊などによって命を落とした方々は犠牲者の八割近くにものぼりました。災害は忘れた頃にやってくると言います。地震の被害を最小限に抑えるためには、我が家の耐震性能をチェックして、備えをしておくことが大切だと思います。

在来工法で建てられた木造家屋(二階建て以下)の簡単なチェックポイントがあります。

◇地盤はしっかりしているか。液状化の心配がない土地か。

◇地盤が不均衡に沈んで不同沈下を起こしていないか。床が斜めに傾いたり、モルタルの外壁基礎にはっきりした亀裂が出てきたら不同沈下の疑いがあります。

◇基礎は鉄筋または無筋コンクリート造りかどうか。基礎にひび割れはないか。

◇立面的・平面的に整形かどうか。一階が駐車場の建物やピロティ型の建物か。

◇壁はつりあいよく配置されているか。壁全面の窓やコーナー窓が多くないか。

◇柱が傾いていたり、床が下がっていないか。土台が腐っていないか。雨漏りがないか。

◇壁にひび割れや欠損はないか。

◇重い瓦を使っていないか。車の通過などで揺れないか。

◇筋交いの有無。またバランス良く組まれているか。

以上のチェックポイントで不安点がいくつも思い当たる方は、専門家に診断してもらうことをお勧めします。各市町村の耐震診断相談窓口などで相談すれば、耐震診断や耐震補強工事について詳しく教えてくれます。

なお、耐震補強工事を行う場合は次のような方法があります。基礎は鉄筋コンクリートとし、連続させる。基礎にアンカーボルトがない場合はアンカーボルトの補強をし、土台と柱は金物で堅く連結する。二階の床を補強する。バランスを考慮して耐力壁(強い壁)を設ける。木の接合部分を補強する。窓の上下の壁を補強する。屋根を軽くするなどです。

●家の耐震性能を無視したリフォームは危険を招く

リフォームをする場合の注意点をあげておきます。例えば、二階建て住宅で、一階に広いリビングルームを作るために、家を支える柱や筋交いを構造上の検討をせずに取り去ってしまうというケースがあります。これは命取りになりかねません。見栄えや使い勝手を優先して構造を弱くするようなリフォームは絶対に避けるべきです。

また、屋根工事や外壁のサイディング工事をする際は、必ず業者に家の耐震診断をしてもらってください。一番大事なのは土台ですから、土台の状態を確認します。専門の診断士でなくても大工さんでいいのです。

キッチンに床下収納がある場合は、収納を取りはずすと土台の下に入れます。ない場合は和室の畳を一枚上げて野地板のクギを何本か抜くと、そこから入れます。懐中電灯を持ってもぐり、土台を点検します。土台や柱が黒ずんでいる場合はすでに相当痛んでいます。白っぽくなっているのは腐朽菌です。そうしたものが発生していると、土台としての性能はもう半分以下です。土台の悪くなっているところを取り替えてください。土台の木材は湿気や白アリに強いヒバかヒノキを勧めます。また、木には耐震金物を取り付けてください。そうすると家の強度が保てるので、屋根工事なりサイディング工事なりができます。

第4章
築年代別リフォーム箇所と概算予算

リフォーム計画と予算の目安

●新築から三年ごとのリフォーム計画

この章で紹介する築年度別リフォーム箇所一覧は、比較的早めの設定になっています。建物を長く守るために早め早めのメンテナンス、リフォームを原則としました。また、年ごとに何カ所もリフォームが発生するのは消費者にとって負担が大きいでしょうから、年度は三年ごとの設定としました。したがって、築年度別リフォーム箇所はあくまでも目安であって、予算があれば前倒しに行った方が良い場合もあります。

塗装の例では、外回りの木部塗装が三年ごとになっているため、六年目には外壁塗装と木部塗装を足場を組んでしっかりやることにして、九年目には屋根塗装(コロニアル屋根の場合）と木部塗装、一二年目に外壁塗装の二回目と木部塗装という順序になります。

概算費用についてはあくまでも目安です。ここでは戸建住宅は延面積三〇坪、壁面積が一五〇㎡、屋根面積が一〇〇㎡の場合を基準として計算しています。しかし、同じ面積の場合でも家によって条件が多種多様に違います。例えば、屋根は切妻と寄棟で面積が異なります。自分の家の外観を見て、出入りの多い壁や屋根だったら、その分面積も多くなるので予算は高くなると考えてください。

また、運搬諸経費も家によって違います。道路が広く材料の出し入れが楽で、作業する場所があれば運搬諸経費は安くなりますが、商店街や路地裏の住宅になると大変です。商店街の道路は駐車禁止が多く、材料を運んだ車は有料駐車場に入れることになります。職人の道具もそのつど車まで取りに行ったりしなければなりません。

このように各々の諸条件は各々の住宅によって異なりますが、概算費用はあくまでも通常のリフォームの平均費用となっていますのでご注意ください。

●マンションのリフォーム

マンションのリフォームは、戸建住宅の場合のようにはいかないことが多いのです。内装工事に関してだけなら、六畳間のクロスの貼り替え工事などはマンションも戸建住宅も条件は同じで、概算費用も変わりません。ただし天井や壁の中、床下など共有部分に該当する部分があるので要注意です。専有部分のリフォームであっても、マンションの方針によって様々な制約を受ける場合があります。排水パイプの位置の移動も原則として禁じられています。また、運搬諸経費もマンションの場合は高くなります。

外回りの壁や屋根など共有部分については、マンションの組合や管理事務所が中心になって管理費や別途予算で行うため、今回の築年度別リフォーム箇所からは除外しました。マンションの管理補修は非常に複雑で、行政指導などの問題も絡んできます。しかし、マンションの組合や管理事務所から参考見積もりの依頼があればいつでも応じますので、巻末に記した住宅研究社事務所まで電話にてご連絡ください。アパート・マンションのオーナーさんからの問い合わせにも自信を持って応じます。

3年目

ドア・引戸・戸襖・障子・扉の建付などをチェックします。外回りでは、木部の痛みがはっきりしてきます。木部塗装第一回目の年です。地盤の良し悪しがはっきりと出る時期です。

内装

戸建住宅、マンション

点検箇所	対策	概算費用
キッチン	●クギなどのサビが、ステンレスについた時は、お湯と洗剤をかけてスポンジで拭き取る。	●ホームセンターで、千円前後。

レンジ・換気扇	●市販のオーブン用洗剤で汚れを落とす。	●ホームセンターで、千円前後。
畳の裏返し	●裏まで痛まない三~四年目でやると八年目まで大丈夫。	●一枚、六千円位。
クッションフロア	●特にキッチンは、汚れが付きやすいので、専用洗剤で拭き取る。 ●軽いタバコの焦げは、専用シーム液で取れる。	●ホームセンターで、千円前後。
玄関内の床タイル	●土ほこりが付かないよう、専用ワックスを塗る。	●ホームセンターで、千円前後。
木質フローリング	●キズやタバコの焦げは、完全に補修できません。補修専用の液体や固形材(クレヨン風)を塗ったり、月一回ワックスがけをする。	●ホームセンターで、千円前後。

外回り

戸建住宅

箇所	状態・時期	工事内容・費用
金属屋根	●早いところでは、三年目から風化・サビが出ることあり。 ●最近はステンクギで、サビが少なくなったが、板金の切り口からサビが起こることも。少しのサビでも見つけたら塗装する。	●サビのケレン・ケンマ。 ●サビ止め下塗り。 ●鉄板専用仕上塗り一㎡二千円から。
木部の破風板	●新築同様に保ちたいなら、木部は三年ごとに塗装。	●古い塗料のケレンをして、下塗り後、木部専用仕上塗りをする。一m千円。
鼻かくし	●木部が風化したり腐食を起こさないうちに。	●一m千円。

軒裏天井		●一m一三〇〇円。
窓枠		●一m六〇〇円。
戸袋	●ヨロイ戸の戸袋は割高。	●戸袋(大)、七千円。 ●ヨロイ戸、九千円。
南と西の木部	●特に痛みが早いので、下地処理後、丁寧に塗る。 ●三〇坪の家でも木製が多い場合と少ない場合がある。 ●日本屋敷の木部は、かなりの量になる。	●三〇坪の家の木部塗装は、約二〇～三五万円位。 ●軒天井が入母屋造りや数寄屋造りの木部塗装は、約四〇～五〇万円位。 ●パイプ足場代は、約二〇万円位。
基礎の亀裂	●大きい亀裂があれば地盤沈下の恐れあり。換気口の亀裂は鉄筋の斜め配筋の不足もある。	●二〇〇〇年から一〇年保証の法制化により、メーカーに必ず現状を報告すること。

6年目

三年目の再チェックを行います。また外装工事にポイントを。第二回目の木部塗装と第一回目の壁塗装の年。内装はクロスにポイントを。

外回り

戸建住宅

点検箇所

三年目の再チェック
外装工事

対策

●初めての外装全面塗装。足場架設架払をする。

概算費用

●三〇坪の平均的な家の場合、足場から木部のペンキ・壁の塗装までで、約七五~八五万円。

外装工事

数寄屋造りの木部の塗装

コロニアル屋根

●屋根下廻りの点検では、腐食や雨漏りの点検も行う。

●壁の水洗いは高圧のため、隙間から内部に水が入ることもあるので要注意。

●ゴム系のローラー仕上げ。

●木部の下塗りや壁のシーラー塗りは常識。既存壁の状態に応じて、職人と材料の打ち合わせを行う。

●九年目に木部の塗装といっしょに行うと安くなる。

●数寄屋造りの木部塗装の場合、通常よりも約二〇万円アップ。

内装

戸建住宅、マンション

キッチンの壁・クロス	●キッチンは汚れやすいので、六年目に貼り替え。	●六畳壁・流し台と吊り戸棚を除くと壁は通常の半分だが、食器戸棚の移動に時間がかかるので、通常通り四万円くらい。
リビングの壁・クロス	●リビングはもっとも人が集まる場所なので、色彩を楽しむとよい。 ●健康クロスを使用する。	●リビングは小さくても八畳はあるので、約八万円くらい。
床 じゅうたん カーペットを木質フローリングにする。	●床の汚れは人の足についた汚れ。雑菌もある。ダニの繁殖にもなっている。	●じゅうたん・カーペットは撤去したあとの下地とフローリングの厚さに注意。

防音木質フローリング

●マンションの木質フローリングは防音床材にする。
●遮音性能は、四〇／四五／五〇／五五がある。

●防音木質フローリング、六畳で一五万～二〇万円位。

9年目

再度、三年目と同じチェックを。次々と好みに応じた改装をしたくなる時期ですが、屋根と木部を重点的に。

外回り

戸建住宅

点検箇所	対策	概算費用
コロニアル屋根	●防水塗装を施した屋根材なので、木部の塗装と同時に屋根塗装を行う。	●平均的な三〇坪の家の場合、約二五万円から。

コロニアル屋根	●コロニアルの工程は、 一、水洗い（古い汚れ落とし） 一、プライマー（接着剤） 一、専用塗料（コロニアル瓦用）	●寄棟や入隅出隅の多い家の場合、割高となる。
木部	●三年目の再チェック ●九年目になると、見えない木部の風化が進んでいるので、下塗剤をよく塗る。	●木部全部の塗装で、約二五～三五万円。 ●足場代、約二〇万円。
あく洗い・みがき 玄関 木製格子戸 木製柱・丸太	●和風住宅の木製の玄関回りは、一〇年もすると汚れが目立ってくる。白木の中に染み込んだ汚れは早めに取りたいので、九年目に行う。	●一間間口の一般的な和風玄関のあく洗い・みがき・白木用ワックス仕上げ、約三万五千円。

内装

戸建住宅

和室 六畳間 柱・天井	●増改築できれいになった部屋と、既存の部屋を同じようにしたい場合、木部のあく洗いとワックス仕上げを行い、壁はクロスに替えることもできる。畳や襖も張り替えると増改築部分とのバランスが取れる。	●柱から天井までのあく洗い・みがき、全部で約九万円から。
クロス	●はがれ・汚れは補修。 ●色彩を楽しんでみる。 ●体に害のない健康クロスを使う。	●六畳間で壁四～五万円。
京壁	●ベニヤを打ち付けてパテ処理をした後、クロスを貼る。	●ベニヤ工事とクロス工事、六畳間で約一〇万円。
畳	●畳の床には、ダニが発生するので	●新床畳、一畳約一～二万円。

畳	床ごと取り替えを推奨。ダニ防止の床材もある。表替えには上中下と種類がある。	●新表替、一枚五千円～一万円。
床下換気扇	●床下全体が痛んでいる場合は、床板を解体して土台などの湿気・腐朽菌の有無などを判定してもらう。 ●湿気が多いような場合は、何十年も家の土台を長持ちさせるために、モーター付の床下換気扇の設置を推奨。	●床下換気扇は、リモコンと換気扇三台がセットになったもの。 ●北側の基礎三カ所の換気口(水廻りの下)に、換気扇を取り付け、それぞれを配線し、洗面室にリモコンを置く。取付共で約一五～二〇万円。
耐水フローリング	●土台・基礎の床下が万全になったら、根太・コンパネを取り替えて、仕上げの床材は耐水性の木質フローリングに替える。	●六畳間を基準に、根太の取り替え、約四万円から。 ●コンパネの取り替え、約五万円から。 ●耐水フローリング、約一二万円から。

屋根下
天井裏換気扇

●夏の天井裏はサウナ風呂のよう。夜になっても二階の天井裏は温度が下がらない。天井裏にこもった熱を逃がすために、天井裏専用のモーター付換気扇がある。

●西と東または、南と北の壁に取り付けて空気を動かす。エアコンの節約にもなる。

●天井裏用換気扇はリモコンと換気扇二台がセット。取付共で約三〇万円。

●内・外の壁の補修で値段は変動。

戸建住宅、マンション

キッチン
洗面室
浴室
トイレの床下

●もっとも痛みの激しいのが水回り。これまで気づかなかった所が出てくる。

●キッチン・洗面室・浴室・トイレは、北側から東側に並んでいるケースが多く、日当たりが悪いため床下

●一カ所の小さな補修でも、職人が責任をもって直す仕事。半日しか現場にいなくても、材料を買ったり、作業場にいたり、一日分の仕事をしている。

●根太、一本約三～五万円。

キッチン
洗面室
浴室
トイレの床下

気密性
断熱性
高換気性

は湿気がこもりがち。床が部分的に沈むようなら、床下の根太が痛んでいるので補修する。
●根太一本分の材料代は安いが、職人が床下に入って作業をするので、一日分の日当は必要。
●一般の電気屋、水道屋、ガス屋も同じ。
●ハウスメーカーの付加価値競争で、住宅が高気密と高断熱となったが、気密性の反動で新素材から出るホルムアルデヒドなどの有害物質が人体に悪影響を及ぼすことがわかり、現在は室内の高換気が叫ばれている。

●室内の吸・排気換気扇が、取付共で約一〇万円から。
●内・外の壁の補修により値段は変動。

12年目

六年目のチェック項目を再チェックします。

外回り

戸建住宅

点検箇所	対策	概算費用
六年目の再チェック 外装工事	●一二年目のポイントは二度目の外装工事。 ●六年目より木部や壁が痛んでいるので、下地処理が大事。	●三〇坪の平均的な家の場合、足場から木部のペンキ・壁の塗装まで、二度目の塗装は下地処理に若干の予算を見るので、約

コロニアル屋根

●九年目に塗装をしなかった場合、この年に外装工事といっしょに行う。

七五~九五万円。

●約二五万円から。

庭の湿気

●建物にとって、土台・基礎がもっとも大切。それだけに湿気の予防が必要で、床下だけでなく外の庭にも注意が必要。

●雨水の排水が悪くないかどうか。いつも土が湿っていないかどうか、基礎内部の床下の土の高さが、外の土よりも低くないかどうか。

●外庭が右のようであれば、基礎下を通って雨水と湿気が床下に入っている。対策としては、雨水をためないように排水路を作り、外の溝構に流す。縦トイが排水マスに届いてお

●排水路、一〇mで、材料工事共約一〇万円。

●縦トイ、一カ所四m以内で、材料工事共約二万円。

12年目

らず、基礎周辺に垂れ流しの場合は、早急に直す。

内装

戸建住宅、マンション

箇所	内容	費用
キッチンの壁・クロス	●六年目を参考に。	●六年目を参考に。
リビングの壁・クロス	●六年目を参考に。	●六年目を参考に。
キッチンの天井・クロス・テックス材	●キッチンは防火材料を使用するので、防火テックスとなる。 ●テックスは塗装できるものが多い。	●六畳間の天井でテックスの塗装は、廻りの養生費共で、約四万円から。 ●クロス貼り替え、約三万円。

高齢者配慮商品
安全手摺り
浴室
トイレ
玄関

●クロスは貼り替える。
●高齢者だけで住んでいる場合はもちろん、二世帯住宅でも浴室に二~三カ所の安全手摺りを取り付ける。
●トイレにも一カ所取り付ける。
●玄関内で履物を脱いで上がる時、上がりカマチから一段下がった玄関内土間に降りる時など、どうしても壁に手をついたりする場所には安全手摺りを取り付ける。
●階段の手摺りにはもちろん取り付ける。
●注意すべきは、手摺りを取り付ける壁の内部構造。九ミリ以上のコンパネの場合は問題ないが、石膏ボードや薄い化粧合板だと強度がないので取り付けられない。

●浴室・トイレ用Iタイプ、約九千円~一万一千円。Lタイプ、約一万九千円~二万二千円。
●玄関用・木質Iタイプ、約九千円。Lタイプ、約一万七千円。
●階段用・木質Iタイプ、四m未満約五万円。
●取付費は、浴室・トイレ・玄関用、一本約六千円。
●壁の下地処理、約二万五千円。
●大工手間・化粧合板、クロス貼り材料共、一㎡約二万円。

12年目

段差の解消

●うまく間柱の寸法に合えばいいが、そうできない場合、バネット式のプラグを入れたり、鉛のプラグを入れたりしてネジを補強する。
●どうしても取り付けられない場合、化粧合板や石膏ボードを撤去し、壁の中に力板や補助板を打ち付けた上で、新しい化粧合板やクロスを貼る。少し予算はかかるがもっとも安全な方法。
●高齢者の屋内での骨折事故の原因の多くは段差。改装する時は、床に段差ができないように配慮する。畳部屋をフローリングにする場合、敷居との段差が生じないようにする。

●六畳間の畳床をフローリングにする場合、畳の処分から高さ上げ工事・畳寄せ処理で、約一五～二〇万円。

大規模なリノベーションの時期。一五年の間に、家族構成も変わり、思い切った改装工事をしてみたくなる年です。

15年目

内装

戸建住宅、マンション

点検箇所	対策	概算費用
キッチン改良工事	●明るいキッチンに改良する。壁からの明かり取り窓がなければ、天井からの明かりを考えてみる。	
システムキッチン	●システムキッチンは各メーカーが	●かなりの種類があるので絞り

	改良を重ね、良い製品が出ている。各ショールームを回って実物を見てみるとよい。 ●人工大理石、ステンレスなど一長一短があるので、疑問点は質問すること。商品が決まったら、メーカー独自のメンテナンス部門のサービス機関の場所を確認。地元の水道工事店では対処できないこともある。 ●メンテナンスサービス部門がしっかりしたメーカーを選ぶことも大切。	にくいが、平均的な中クラスの一列並び二メートル六五センチクラスの商品で、約七〇〜九〇万円(取付費一五%)。 ●これに水道工事、電気・ガス工事、タイル工事、古い流し台とつり戸棚の解体撤去費、補修費などで、約三〇万円。 ●オプション品の電子レンジ、約二五万円。食器洗機、一二〜一八万円。 ●すべてを取り付けた場合、工事費共、約一五〇〜一七〇万円。
水栓金具	●予算に余裕があれば、水栓金具を選びたいもの。	
ハンド式シャワー	●ハンド式シャワーなら先端のノズ	●ハンド式シャワー、シングル

ハンド式シャワー
整流・ソフト切換付

ルを引き出せば、背の高い鍋や重い鍋も動かさずに洗える。また広いシンクの掃除にも便利。

●流し台の水栓金具は、シングルレバー混合栓が主流だが、今まで使用していた水栓金具の吐水の位置とシンクの底の高さが違ってきている。

●シングルレバー混合栓の吐水口が今までより高い位置になるので、皿を洗っていた感覚が変わってしまい、水を跳ね飛ばすこともある。

●逆に大きなシンクで大きな鍋を洗えることになるが、シングルレバーを選ぶにも安いだけでなく、毎日使用することを考えて、多少高くてもシングルレバー混合栓に整流・ソフト切換が付いたものを選ぶとよい。

レバー混合栓、約五万円。

●シングルレバー混合栓、整流・ソフト切換付、約五万円。

トイレ 温水洗浄器	●温水洗浄器は、この一〇年で研究改良が進んだ。高級品もあるが、ここでは中級品を選ぶ。 ●機能は、温水洗浄器と暖房便座、ビデ、ムーブ付、着座センサー、便ふた、ソフト閉止、抗菌性、ワンタッチ着脱など。 ●便座だけを取り替える場合、既存の便器の寸法に注意。便器の円の内径が、三二〜三四センチ(普通サイズ)と三六〜三八センチ(大型サイズ)がある。 ●コンセントの有無も確認。コンセントがあれば、約七万円の中級品と水道取付工事で完成。	●中級品で約七万円。 ●コンセントがある場合、取付工事費、約三万円。コンセントがない場合、電気工事費、約一〜二万円。
トイレ全面改装	●一〇年以上経つと、便器も変色し臭いも残る。思い切って古い便器と	●新しい便器・タンクも中級品の場合、約七〜一〇万円。上記

トイレ全面改装	タンクを取り替える場合、撤去処分と排水管・水道管の移設および新設、コンセント工事が必要。	の工事費共で約二二～二五万円。
トイレ床壁	●一般的なクッションフロアにする場合と耐水木質フローリングにする場合では、大工手間が余分に必要。壁はクロスの貼り替え。	●クッションフロアの場合、約一万五千円。 ●木質フローリングの場合、約四万円。 ●壁クロス、約二万八千円。
リビングの改装工事	●キッチンの改装と合わせてリビングの改装を行うのが理想的。	●マンションの場合は、給水・排水の位置に制限があるで、大きな移設工事は不可能。 ●システムキッチンの商品代は別として、六畳のキッチンと六畳のリビングを改装してワンフロアにした場合、一二畳で約一二〇万円。

給水・給湯配管の取替え	●朝方一番の給水で赤サビが出るなら危険サイン。鉄管をステンレスや銅管にする必要あり。	●総取替えで、約二〇〜三〇万円。
ハウスクリーニング	●本格的なハウスクリーニングをしてみる時期。家を長持ちさせる基本。 ●ハウスクリーニングをすると痛んでいる箇所がわかる。 ●メンテナンスが得意なクリーニング業者なら、その場で直してくれることも。専門の業者が必要なら紹介してくれる。 ●それだけに信頼できる業者を選ぶ必要がある。住宅研究社の協力会員なら、自信を持ってお勧めできます。	

外回り

戸建住宅

屋根

コロニアル

●屋根は一番見えない場所にあるが、風雨に耐えるもっとも大事な場所。

●コロニアルは人気があり、広く普及(一〇軒のうち七軒はコロニアル)したが、最近はコロニアルの上に更に瓦を取り付ける方法が増えてきた。価格や性能の点で一長一短あり。

●コロニアルの全面取替えは古い瓦の解体撤去処分が必要。注意すべき

●屋根は切妻と寄棟で、工事手間も材料も異なる。

●切妻は比較的簡単。平均的な家(三〇坪)の屋根で、一〇〇㎡として計算。

●コロニアル全面取替え、一〇〇㎡で約一〇〇万円。

●野地板の腐食などは、現場で打ち合わせる。

土台

外装サイディング

は水切トタンを壁際のものまで撤去するか、トタンだけをカットして壁を生かすか。ここを上手に処理しないと雨漏りの原因となる。

●長い間瓦が割れたまま放置していた場合、野地板が腐食していることもある。職人が悪い点を指摘したら、すぐ直しておくべき。

●九年目に床下換気扇の取付などをしていれば、土台の湿気による腐食などは起こっていないはず。

●土台も調べずに外装のサイディングをする人がいるが、サイディングは高額な予算が必要なため、土台や柱の湿度をよく調べる必要あり。壁を万全にしても土台が腐食していたら意味がない。

●サイディングの工事は難しく、出隅入隅の部材や既存窓枠との調整など、リフォーム特有の難しさがある。各々の家の状況で価格は変わる。

アルミ・鉄板

●アルミから鉄板まで種類がある。アルミは腐食しないが、鉄板は長年の風雨でカット面からサビが出る。

●新築との違いは、既存の壁材をどうするかによって見積価格が異なること。

●平均的な家の壁で材料工事費共で、アルミ材㎡約一万三千円～一万五千円。

●鉄板材㎡約三千円～四千円。

●古い壁材の撤去費は別途。

窯業系

●窯業系はセメントに各種の混和材を入れて、各メーカーで色・柄・デザインも豊富。製品自体も非常に良くなっている。価格的にはアルミ材の半分くらいなので、リフォーム用には向いている。

●材料の厚さも一二ミリ・一五ミリ・二一ミリとあるので既存壁を生かす場合は、一二ミリで仕上げるなど、各々の家の状況によって選択する。窓枠や壁の角の部分(出隅)の部

●窯業系で材料工事費共、㎡約七千円～一万円。

●平面の壁と出隅入隅の役物コーナーと、水切りシーリングなどの工事が必要なので、誠実な業者に相談。

材などの使用本数によっても見積価格は変わる。

18年目

三回目の全面的な外装工事の年です。足場を組むので、この機会に木部の腐食度を点検。また、アルミサッシに取替えることも検討。

外回り

戸建住宅

点検箇所	対策	概算費用
木製ベランダ	●これまで塗装をしてきた木製のベランダも限界。危険を感じるようなら、早目にアルミ材に取り替える。柱付か屋根置きかで価格も異なる。	●平均的なアルミベランダ、出隅四尺・間口二間・柱立付で材料工事費共、約二〇万円。既存の解体処分は別途。

窓枠	軒天井(軒裏)
●アルミ材は部材の肉厚(重量)で決まるので、安いだけのチラシ広告ではなく、地元で信頼できる業者に頼むべき。 ●ガラス窓や雨戸はアルミ材でも、窓の枠は木製。相当痛みが激しいと思われるが、ヒビが入っていても固くて崩れない場合はたっぷりペンキを塗る。崩れて破片になるようなら新しい木製枠に取り替える。 ●この場合、窓サッシ枠が木枠に取り付けてあるので、窓サッシ枠の取り外しから壁の補修までが必要となり予算は高めになる。	●ベニヤ材の場合、変形したり細かいヒビが出たり、破風板からずれているようなら取替えの時期。現在の
●木製枠、H四尺五寸・W六尺、取付工事費共、約四~六万円。	●平均的な耐水性の四ミリベニヤ、材料工事費共、m三千円から。足場がある時に行う。

軒天井(軒裏)

軒天井に新しいベニヤ材(耐水性のもの)を取り付けることを推奨。

破風板

●切妻部分の板材は、日当たりの良い南西部は風雨にさらされ痛んでいる。腐食部分から雨が軒天井に入ることもある。悪い部分のみを部分カットする方法もあるが、カットした目地が気になることもある。

●部分カットでも手間賃で割高となり、一カ所一m以内で二万円くらい。
●切妻片方四mとして両方で八mの全面取替えは大工工事で、約八～一〇万円。

鼻かくし

●雨トイ(横トイ)に取付けてある板材だが、古い鼻かくしの撤去には雨トイの取り外しが必要なので、予算に加える。
●破風板と同様、水切りや周囲の補修費も必要。それだけに屋根回りの

●取付に要する瓦下の水切りや周囲の補修工事も入れると、別途予算が約五万円から。
●四mの取替え、大工工事で約四万円。補修工事で約二万円。

雨トイ全部取替え	塗装はおろそかにできない。	●足場のある時に、雨トイを全部取り替えると、普通サイズの丸型で約二八万円。角型で約三八万円。
外装工事(三回目)	●三回目の外装工事。六年目よりも更に痛んでいるはずなので、下地処理が大事。	●一八年目なので下地処理に若干の予算を見て、三〇坪の平均的な家で、足場から木部のペンキ・壁の塗装までで、約八五〜一〇〇万円。
玄関ドア	●築一五年以上になると、玄関ドアも色あせてくる。木製ドアは何回か塗装しているが、年月にはかなわない。アルミドアも一八年前のデザインでは風格もなく勝手口のドアのようなので、思い切って新しいアルミドアに取替える。	●ドアをつめる場合。普通の玄関ドアで間口が四尺五寸で枠を残してドアをつめて、約二〇万円(ドア価格一七万円)、取付工事費七万円、ドア処分費一万円。計二八万円。

アルミ材

サッシ窓

出窓

●各メーカーとも豊富なラインナップを持ち、価格も一五万円台から八〇万円台まで。

●工事には壁を壊さないで、現在の枠に合わせてドアの寸法を注文で作る方法と、壁まで壊して現在の枠を取り出し既製の枠とドアをセットで取り付ける方法がある。ドアを寸法でつめる場合、それが可能なドアに制限がある。どうしても好みのドアを取り付けたい場合は壁まで壊す方法を取る。

●木製の枠で腐食が起こっており取り替えたい場合、サッシ窓を出窓式に替えることを推奨。出窓にすると変化があって、部屋も広く感じられる。

●壁を壊して枠からドアまでセットで取り付ける場合。ドア価格一七万円、取付工事費七万円、壁・枠・床・補修費約一三万円、ドア処分費一万円。計三八万円。

●(参考例)間口六尺・高さ四尺の場合。アルミ出窓価格スタンダード約二五万円(網戸付)、解体補修費五万円、大工新規木工五万円、取付費五万円、古材処

18年目

はき出し
戸袋

●この場合、木製枠を取り外すので、窓回りの壁の補修が必要。外装工事の時に、いっしょに行うのが理想的。

●一五年から二〇年前のはき出しサッシ戸は、戸袋と一筋が木製のものが多く、一筋(雨戸の走るところ)が先に腐食して戸袋の近くまでいくと、戸袋の鏡板(表面)もはがれ出て、雨戸の動きも悪くなっている。この場合の工事は、木製の戸袋と一筋・枠を撤去するため壁の補修も必要。柱や床にネジ止めされているサッシ戸の枠を撤去するので木工事の補修が必要。新しいはき出しはサッシ戸袋と一筋が一体化している。

分費一万円。計四一万円。

●(参考例)間口九尺(一間半)・高さ六尺の場合。アルミ材スタンダード(雨戸・網戸付)約二五万円、解体補修費八万円、大工新規木工八万円、取付費八万円、古材処分費一万円。計五〇万円。

20年目

一五年目を大規模リノベーションと書きましたが、二〇年目も増改築工事の節目の年として、自分の家のライフサイクルとライフスタイルを考えましょう。

改築

戸建住宅、マンション

点検箇所	対策	概算費用
リビング	●一五年目のリビングとキッチンをワンフロアにする工事費の概算一八〇万円は、内装工事の天井・壁・床の解体と新規の内装工事の予算。通	●二つの部屋の間仕切壁を撤去して、ワンフロアにした場合、坪約三〇万円。

常の仕上がりなら、坪三〇万円が目安。ただ坪単価はグレードによって、どのようにも変化する。

和室

●和室の改装工事は真壁と大壁で異なる。真壁は柱と柱の間に京壁がある。大壁は柱がなく壁になる。改装工事の手間も真壁の方が若干高くなる。

●竿ブチ天井の取替えと柱のあく洗いワックス仕上げ、京壁の塗り替え、襖、畳、照明器具の全面取替えで、坪約二五万円。

洋室

●洋間はリビングを参考に。洋間を同じく洋間へ改装するのがもっとも安くできる。天井、壁、床の貼替えだけで、壁内部の下地工事も不要。

●天井と壁のクロスの貼替え、床、フローリングの貼替え、戸襖、ドアの取替えで、坪約二〇万円。

●材料の搬入・残処分など別途。

マンション

収納を増やす

●マンションは一戸建てと違い増築ができない。二〇年で物も増え、収納を考えてみる時期。

●子供達のベッドを床より一mくらい高くし、下は三段くらいの引出しを設ける。テーブルの下や棚の下も、全部収納スペースへ。天井・壁の片側も全面吊り戸棚とすれば、相当の収納スペースが確保できる。

●上記のような家具を作ると、かなりの予算。一〇畳間で約一〇〇万円。

マンションリフォームの注意事項

●マンションでは、できるリフォームとできないリフォームがある。

●できるリフォームは、壁の貼替え、和室を洋室に、洋室を和室に、収納を増やす、建具の取替え、TV付インターホンの取付、間仕切壁の撤去、暖房床（電気式・アンペア確認）。

●できないリフォームは、コンクリートの梁を削る、バルコニーを物置やサンルームにする、専用庭の建物など、電気コンロからガスコンロへ、パイプスペースの広さを変える、玄関ドアの外側の色を変える（内側ならＯＫ）、

●注意すべきリフォームは、ユニットバスを在来工法に変える、トイレやバスルームの移動、キッチンの移動、じゅうたんからフローリングへ変える、給湯器を変える（大きくする場合）、ジェットバスを付けるなど。

マンションリフォームの注意事項

●通常に改造できる部分は、専有部分であり、共有部分は不可。玄関ドア、サッシ、バルコニーは共有部分になる。マンションリフォームは管理規約や建物の構造によって様々な問題が起こってくるので、㈶日本住宅リフォームセンターは資格制度を設けて、マンションリフォームマネジャーをリフォームのアドバイザーとしている。

住宅は、五年ごとが改築工事の節目になるようです。大きなリノベーションは一五年から始まり、二〇年、二五年を大きな節目としました。

25年目

増築

戸建住宅

点検箇所	対策	概算費用
増築 平屋で五坪の増築	●増改築の予算が新築の三分の二を超すようなら、新築にする案もあるが、新築となると引っ越しから子供の学校の問題など、何かと面倒にな	●庭に敷地のゆとりがあり、平屋で五坪を増築した場合。平均的な家で坪五〇万円として、二五〇万円。解体・補修など費用

増築

る。
●家具も合わないものが出てくるので、新築工事費用以外の出費も必要となる。
●お年寄りがいると、新築の家で大ケガをすることもあるが、長年住み慣れた家が変わることによって起こる事故。
●本格的な土台の調査をして、床下換気扇などを取り付けていて、土台・柱に問題がなければ増改築でライフスタイルを考えてみるべき。
●今、あなたの家は子供が中心ですか、ご主人ですか、奥様ですか、祖父母様ですか。仕事は共働きですか。

は、特別大きなものがなければ約五〇万円(設計・確認料・登記料別途)。

25年目

総二階で一〇坪の増築	●本格的な土台の調査をして、床下換気扇などを取り付けていて、土台・柱に問題がなければ増改築でライフスタイルを考えてみるべき。	●一〇坪未満は割高になるので、一〇坪の総二階の増築の場合、坪四五万円として約四五〇万円。解体・補修工事は約八〇万円（設計・確認料・登記料別途）。運搬諸経費は立地条件によって異なる。
リビングとプライベート	●友人知人のつき合いは多い方ですか。食事や家事は大事にしている方ですか。また趣味によって増改築のプランは構成される。	●友人の多い家は、応接間・リビングを大きく改装（二〇年目を参照）。 ●プライベートの部屋を新しく増築してみる。
高齢者用浴室	●増改築は今まで住み慣れた家の間取りを基本とするので、お年寄りの安全も確保できる。 ●増改築が割高というのは、新築の坪単価と比較した場合のこと。引っ越しから家具、襖、外装工事までの	●各メーカーが研究を重ねた商品をショールームで確認してみる。

総予算を考えたら増改築の方がはるかに安い。

●高齢者配慮商品を使った浴室のリフォームは、お年寄りだけでなく家族全員の安全にもつながります。

●予算はユニットバスで一五〇万円台から三〇〇万円台まで。安い商品でも工事費共で、約二〇〇万円から。

25年目

総点検の意味も含めて、地震対策も考えましょう。

30年目

内外

戸建住宅

点検箇所	対策	概算費用
総点検 耐震診断	●土台が乾燥していれば、木造で三〇年経っても柱の構造は大丈夫。農家の土台など、乾燥しているので白アリの害もない。早目に床下換気扇を取り付けた家は、五〇年や一〇〇	

土台

床下

柱

水平

二階の揺れ

年は十分に持つ。

●湿気はないか、白いものがついていないか。

●湿気の臭いがないか、風通しは良いか、換気扇を使用していればその点検。

●土台と柱の接合部分の点検、金具はきちんと打たれているか。

●土台・柱の確認。

●二階の揺れがひどい家は、構造が一方に片寄っている長方形の家で、西と東は二・五間で南と北は七間という造り。

●全室を南側に面した場合に起こりやすく、風が吹くと南北に揺れるこ

●上記の調査を専門家に依頼すると、五万円から。長いつきあいの業者なら無料で見てもらえる場合もある。

●本格的な耐震調査は一〇万～二五万円。

●耐震金物のメーカーは乱立気味なので、良い業者を選ぶことが大切(現在八～一〇社あるが、単なる営業本位で宣伝している会社もあるので要注意)。

30年目

とがある。

●通し竿や梁が細い場合、筋交いや火打ち金具が少ない場合も揺れがひどい。

●土台がしっかりしているなら補強する。

●サイディング工事の時に、筋交いの補強をすれば壁壊しの補修は不要。

●長方形は正方形にすると直る。

●一階に柱・壁を多くすると防げる。

●外壁を壊さずに耐震補強できるケースもあるが、水回りの土台などは壁を壊して確認するのが正しい対処方法。

●土台は耐震金物を使用して、筋交い不足の時は補強する。

●二階の小屋裏は公庫基準の金物を使用し、揺れ防止には壁補強と二階床の補強をする。

●建物の状態によって異なるが、耐震工事は、一階で約一〇〇万円。二階の揺れの状態により、小屋裏、床、壁の大工工事により約五〇万〜一〇〇万円。

屋根

●重いようなら軽いものに取替える。

●普通の住宅でも、築一五年目からは耐震補強を考える。

30年目

第5章
最近の建材・設備機器と新築住宅の傾向

建材と設備機器の最近の傾向

住宅用の建材や設備機器は新しいものが次々に出ており、高機能化も進んでいます。知っておくとリフォームの場合に役立つと思いますので、簡単にまとめてみましょう。

●床材

床材を始め壁・天井材などの内装材は健康建材が主流になっています。

床材の主流はフローリングで、ナラ材の複合フローリングが標準的です。複合フローリングとはベニヤ合板を基材にして表面に天然板の単板を接着したもの。フローリングの価格は木の種類や厚みによって異なります。最近は抗菌、ノンスリップ、防音効果を高めたフローリングや、耐熱性を高めた床暖房用フローリングも出ています。

フローリングより防音性の高いコルク材も人気があります。コルクガシを原料とした木質系床材です。ピアノ室や二階の寝室などに向いています。

クッションフロアは樹脂系素材です。文字通りクッション性があります。耐水性に優れ、汚れも落ちやすく、水回りに好適。安価で施工しやすいメリットがあります。

カーペットは毛足の違いでカットタイプ、ループタイプ、両者をミックスしたカット&ループタイプがあります。寝室やLD、廊下に使われます。

●壁・天井材

壁材ではクロスが最も多く使われています。素材は高級感のある織物、紙、ビニールなどですが、主流はビニールクロスです。様々な素材感を出したものもあり、デザインが豊富でどんな部屋にも向きます。最近は汚れを拭き取りやすい防汚タイプ、防カビタイプなど高機能クロスが出ています。紙素材の健康クロス(エコクロス)はビニールクロスに比べて薄く、リフォームで元のクロスをはがしたあとに凸凹が多い場合、滑らかに仕上げにくくなります。残念な難点です。

天井材は壁材と同じクロスを貼るのが一般的です。シーダー、レッドウッドといった木も使われます。和室の場合は杉、ケヤキ板の柾目や杢目などの木が使われています。

●窓

窓のサッシの素材はアルミが主流です。価格が手頃で、強度、耐熱性、防火性が高い素材です。アルミの他に、樹脂を素材としたサッシもあります。断熱性、気密性が高く、結露を防いだり冷暖房効果が高いのがメリットです。樹脂とアルミの複合サッシや、外側にアルミを使用し、室内側に木を使用した個性的なサッシもあります。

最近はペアガラス（空気層をはさんだ複層ガラス）をはめ込んだ高断熱のサッシや、防音性に優れた高気密のサッシが出回るようになりました。

●床暖房

床暖房は室内の空気が乾燥することがなく、ストーブやファンヒーターのように燃焼ガスが空気を汚す心配がないため、健康志向で人気が広がっています。

方式は大きく分けて温水式と電気式があります。温水式は従来から使われてきたタイプです。ボイラーで沸かした温水を床下のパイプに循環させて暖房します。燃料はガス、灯油、電気です。電気式には、発熱体が内蔵されたパネルを床下に設置するタイプの他に、発熱体と一体化したフローリング床材を張るタイプがあります。リフォームでフローリング工事をする時、この床暖房付きフローリング材を貼り替える方が増えてきました。

●キッチン設備

システムキッチンのシンクは、幅一m前後のジャンボシンクが主流になってきました。大きな中華鍋なども余裕で洗えるサイズです。水栓はシャワー付きのもの、浄水と原水を切り替えられる複合水栓、自動水栓なども出ています。

食器洗浄乾燥機は改良が進んで使いやすくなってきました。洗浄から乾燥終了まで約一時間かかるのが一般的ですが、最近は三〇分前後で洗浄できるものが出ています。家族四〜五人分の食器が入る幅四五センチのものが標準的なサイズです。

浄水器は設置方式によって、蛇口に直接取り付けるタイプ、ポット型の据え置きタイプなどがあります。システムキッチンに組み込む場合はシンク下に本体を設置します。

家庭用生ゴミ処理機も普及してきました。容器内で温風乾燥して乾燥ゴミと水に分解するタイプ、微生物を用いて分解するタイプがあります。屋外のベランダなどに置いて使うもののほか、システムキッチンに組み込めるものも出ています。

●浴槽

浴槽の素材は人造大理石(天然石と特殊樹脂を混ぜて成型したもの)やＦＲＰ(ガラス繊維強化プラスチック)が主流です。一坪の浴室の場合は間口一五〇センチまでの浴槽、一・二五坪の浴室の場合は間口一六〇センチまでの浴槽が入ります。

ジェットバスは普及してきましたが、最近のものは噴流の向きや角度はもちろん、気泡量やリズムのパターンも様々に変えられるようになっています。

最近は、浴槽の底の滑り止め、浴槽に出入りする時つかまれるグリップ付きのものなど、浴室内での事故を防ぐバリアフリー対応型の商品が増えています。

●ユニットバス

床、浴槽、壁、天井、窓、ドア、設備機器などの部品を工場で一体成型し、現場で据え付けるものです。メーカーではシステムバスと呼んでいます。密閉度が高いため保温性に優れ、防水性も高くて在来工法のように腐食の心配がありません。カビや汚れの元凶になる目地がほとんどないため手入れが楽で、清潔な浴室を保つことができます。大きさは一坪サイズ、間口一四〇センチ前後の浴槽を備えたものが主流です。

温水と低温水が交互に出る冷温水シャワーなど、シャワーも多機能化しています。打たせ湯や霧状のミストなど、シャワーのパターンは多彩になってきました。浴室用の暖房乾燥機や除湿乾燥機を天井に付けると、浴室全体を洗濯物の乾燥室として使うこともできます。他にもジェットバスなど豊富なオプションがあります。

新築住宅の最近の傾向

●最近の住宅の傾向は高断熱・高気密・高換気

大手ハウスメーカーのモデルハウスを見に行くと新しい住宅の傾向がわかります。最近の住宅は、高断熱、高気密、高換気が大きな流れです。

高断熱の家は、大手ハウスメーカーが一〇数年前に売り出して以来すっかり定着しました。壁・天井に使う断熱材の公庫基準は現在、最低厚さ五〇ミリです。昔より厚くなっています。今、高断熱をPRしているハウスメーカーの家は一〇〇ミリ断熱材。夏涼しく冬暖かい、省エネルギー住宅です。

高断熱の次にクローズアップされたのが、防音性を売り物にした高気密です。サッシメーカーが高気密サッシを開発して、住宅は隙間のない造りになりました。しかし、間もなく出てきたのがシックハウスの問題です。高気密化による弊害のひとつで、建材やクロスの接着剤に含まれるホルムアルデヒドが原因とわかり、脱ホルムアルデヒド化が進められているのですが、住宅の高換気化も強く叫ばれるようになりました。

今、大手ハウスメーカーでは競って高換気に配慮した住宅をPRしています。家の中の空気が壁の中を通って屋根裏に抜けやすい構造を工夫したり、高機能の換気設備を付けたりしています。高断熱、高気密、しかも高換気と、まさに至れり尽くせりの住宅です。

しかし、どこの地域に建てるにも同じように高断熱、高気密、高換気の住宅でよいのかというと、私は疑問です。例えば、高気密と防音性を売り物にした住宅は、騒音の激しい都会の商業地域には向いていても、田舎や郊外の自然が多く残る土地には向かないのではないでしょうか。朝、目覚めても小鳥のさえずりが聞こえないのは、せっかくの自然環境がもったいないと思えてなりません。高断熱、高気密、高換気の快適な住宅は素晴らしいのですが、それ一辺倒でなく、地域の環境に合わせた自然派の住宅も出てきてほしいと思います。

●「健康住宅」が受けているナチュラルハウスの家

ナチュラルハウスというハウスメーカーが「健康で強いヒノキの家」を造っています。すべて自然材を使った家で、最近の消費者が求める健康志向にマッチしているため、注目され始めています。

ナチュラルハウスの家は樹齢五〇年から六〇年のヒノキ材（柱は四寸角）で造られます。強度があり湿気、白アリにも強いヒノキは、日本古来の貴重な建築用材です。日本の代表的な古建築は大半がヒノキ造です。ここからもヒノキの建物の寿命の長さがわかると思います。また、白木の美しさでヒノキに勝る木材はありません。しかし貴重な木材だけに高価です。

今、一般の住宅で使われている木材は北米からの輸入物のベイツガなどが多いのです。ベイツガは柔らかくて白アリに好まれるため、土台や柱に使われて白アリ被害が発生することがあります。また、一般に流通している木材は良いものでも樹齢一五年程度。樹齢五〇年から六〇年のヒノキ材とは強度、耐久性、光沢など比較になりません。非常に贅沢な木材ですが、同社では紀州・和歌山の林産地と提携して植林から伐採、製材、プレカットまで万全の品質管理を行い、直接取引によってコストダウンを図っているそうです。

「人に優しい住まい」として、ヒノキの柱や梁が見える真壁工法を提案しているのも特色です。ヒノキが発するヒノキチオールという成分がアトピーやアレルギー性喘息の原因になるダニを防ぎ、カビ、白アリも寄せ付けません。シックハウスの原因として騒がれているホルムアルデヒドも極力取り除き、壁、床材などすべてに自然素材、天然素材を使った住まい造りを行っています。健康と自然の調和を考えた住まいです。

また、画一的な住宅造りではなく、予算に合わせて仕様も設備も好みで選ぶことができるといいます。自社の一級建築士のスタッフがお客様の要望を聞いてきめ細かくプランニングしてくれます。施工も直営スタッフが行い、地域の業者として、お客様の住む地域に合わせた手造り住宅をめざしているそうです。

ナチュラルハウスの落合弘幸社長にお会いして家造りの考え方など聞かせていただいた私は、「これぞ理想の家造り」と感動しました。価格も手頃です。とても大手ハウスメーカーにはできない価格です。早速、私の古いお客様に「ナチュナルハウス」をご紹介しました。非常に気に入られて「ぜひ建てたい」となり、建設中です(二〇〇〇年五月)。

こうした住宅が一般の方や業者の方々に広く知られるようになればよいと思います。

第6章
リフォーム業界の発展のために

住宅研究社の活動

●消費者と誠実な業者との出会いを

住宅研究社では、豊富な建築実務のキャリアと実績を活かして、消費者保護と業者の育成をめざして様々な活動を行っています

消費者に対しては、平成七年一月一七日の阪神・淡路大震災の惨状を機に、乱立した住宅リフォーム業者から消費者を守るため、適正価格と建築のアドバイスをしています。また、消費者からの要望があれば、優良リフォーム業者の紹介から、健康住宅と高齢者に配慮した商品および耐震診断調査の紹介を行っています。

業者に関しては、誠実な業者ほど消費者側に立って悩み、結果として損失を招いているのが現状です。そうした業者は、にわか営業マンによる訪問販売や、安売りチラシだけを武器に強引なセールスを行う業者との競合でも、手抜きをしないためです。

住宅研究社は、いかにして消費者と業者が安心して喜び合えるかを研究し、提案を行っています。

●全国に広がるネットワーク

住宅研究社の活動に賛同する、優良職人および優良事業者から構成される全国ネットワーク組織が「住宅研究社全国協力会」です。住宅研究社の顧客安全システムに基づいた施工を行うため、消費者の方は安心して工事を依頼することができます。

住宅研究社では、住宅リフォームをお考えの方に、「確かな情報」「親身なアドバイス」「適正な工事料金」「優れた技術」「安全で良質の建材」を提供する協力会員の紹介を行っています。なお、誠実な職人の方を地域限定の審査の上で、募集しています。

●出版活動

これからの消費者は、自ら情報を集め、学ぶことが必要です。無知でいることは、悪質な業者につけこまれる原因となり、結果的に消費者の不利益となるのです。

住宅研究社では、本書『住宅リフォーム革命』をはじめ、消費者に役立つ情報を提供するための出版活動を進めていきます。

『リフォーミング』は、年四回発行される情報誌で、リフォーム業界の最新の動向、優良事業者の生の声をお伝えするインタビュー、部位別のリフォーム工事のポイント解説など、消費者に役立つ情報をお伝えしています。さらに、『リフォーミング』の読者の方々との交流の輪を広げる場として「リフォーミングメイト」の募集も行っています。

●お問い合わせは

〒102-0083

東京都千代田区麴町1-6-11

住宅研究社　東京本部

phone: 03-3263-6535／fax: 03-3263-6897

住宅リフォーム学院の活動

●本格的リフォーム時代を支える人材を

二一世紀の本格的リフォーム時代の到来が目前に迫りつつも、今なおリフォーム業界では消費者と業者とのトラブルが絶えません。実際、悪質な業者の問題はあるのですが、一般の消費者が、あまりにも情報を知らないという現状も指摘されています。

住宅リフォーム学院では、消費者がリフォームに関する正しい知識を学べる講座を開設するとともに、業者向けの講座を通じて、業界全体のレベルアップを図っていきます。

●企業教育講座

経営者、幹部、営業、職人の教育講座を昼と夜に分けて開講しています。リフォーム事業に真面目に取り組んでいるが、競合とクレームで悩んでいる企業に現場革命を提唱し、二一世紀の勝ち組となるための講座です。

●住宅リフォームのコーディネーター事業者支援

今後予想される本格的なリフォーム時代においては、住宅リフォームに関するコーディネーターが重要な役割を担うようになります。建築に関する確かな知識の裏付けを持ち、最新の建材や設備機器の情報を元に、消費者に対して魅力ある提案ができるコーディネーターの育成が求められているのです。

住宅研究社では、新規事業として住宅リフォームのコーディネーターを志望する方を、地域限定で募集しています。当社オリジナルの養成システムにより、一事業として成功するようサポートいたします。

●「福祉住環境コーディネーター」資格

二〇〇〇年四月から、介護保険制度がスタートしました。高齢化社会の到来を目前に控え、住環境もこの流れと無縁ではいられません。今後は、バリアフリーに対応した住宅リフォームの需要が高まるものと思われます。

その中で注目されているのが、「福祉住環境コーディネーター」資格です。これは全国商工会議所認定の準公的資格です。住宅リフォーム学院では、同資格の合格をめざした講座を開設しています。

●高齢者・退職者向けに地域アドバイザーの研修

工事内容や見積もりに関して、事前に相談できる人が身近にいなかったことが、リフォームの失敗につながったというケースはよくあります。もし業者の提案するプランについて疑問があった場合、町内にアドバイスできる人がいれば、不用なトラブルを避けることができるはずです。

住宅研究社では、高齢者や退職者を対象とした、リフォームアドバイザーの研修を行う予定です。工事に関する基礎的な事項を学んでいただき、地域社会に貢献するお手伝いをいたします。

●「あなたのためのリフォーム教室」

住宅リフォーム学院では、一般の消費者の方を対象に、リフォームについて楽しく学べる「あなたのためのリフォーム教室」を開講しています。自分の家のリフォームをどのようにしたらいいのか、リフォームの常識・非常識、築年代別リフォームと内装工事のための賢いチェックポイント、業者の見分け方・選び方に見積もり書の見方まで、山根裕太がわかりやすくお話しします。

他にも、次のような講座を随時開講しています。

○営業の即戦力を短期間に身につける「企業教育短期講座」
○塗装業者のためのリフォーム講座
○不動産業者のためのリフォーム講座
○パソコン活用による業務効率化講座

●お問い合わせは
〒102-0083
東京都千代田区麴町1-6-11
住宅リフォーム学院
phone: 03-3263-6535／fax: 03-3263-6897
http://www.seaple.icc.ne.jp/~nyantaro/jrs/

全国住宅リフォーム事業協会

全国住宅リフォーム事業協会（全リ協）は、住宅研究社全国協力会会員の方々が中心となって、結成されたものです。住宅研究社全国協力会は個々の業者が私的な判断で事業活動を行いますが、全国住宅リフォーム事業協会は公的な判断による事業活動を目的としています。

住宅リフォーム業界の地位の向上を目的とした事業を展開し、行政ならびに関係団体、関連業界に対して、提言・協力および要望などを行うというもので、二〇〇〇年五月二一日に第三回総会を迎えます。今こそ、本格的に公的な活動に向けて邁進すべき時であり、多くの方の参加を求めています。

＊五月の総会後に、事務局専用の電話番号が決定します。それまでは住宅研究社が窓口となります。

●お問い合わせ

〒102-0083

東京都千代田区麹町1-6-11

全国住宅リフォーム事業協会事務局

phone: 03-3263-6535／fax: 0471-64-1121

住宅研究社全国協力会会員リスト

アクト建築工房株式会社
北海道旭川市豊岡一条1-2-11　phone: 0166-39-2466

住まいの木《もっく》
栃木県安蘇郡田沼町田沼1403　phone: 0283-62-2252

有限会社石実建設
埼玉県川口市大字安行西立野277-4　phone: 048-295-0320

原島塗装店　http://www.harashima.com/
埼玉県大宮市染谷2-59-3　phone: 0120-371901

有限会社ナチュラルハウス
埼玉県春日部市粕壁6947-1　phone: 048-762-0256

株式会社井上塗装工業
埼玉県三郷市蓮沼字中沼219　phone: 0489-50-1818

山商リフォームサービス株式会社
東京都足立区竹の塚6-14-6　phone: 03-3859-3411

ホームサービス株式会社
東京都新宿区舟町9　phone: 03-3341-2841

株式会社匠《なる》建築　既存建物耐震補強研究会事務局
http://www.naru.co.jp/homepage/
東京都世田谷区深沢5-15-21　phone: 03-3701-0167/0120-37-0167

有限会社快援隊　http://www.kaientai-web.co.jp/
東京都世田谷区下馬2-31-33-306　phone: 03-5481-8211

有限会社サイ
東京都大田区大森西7-7-24　phone: 03-5714-5505

有限会社エムエスホーム
千葉県市川市北方3-4-12　phone: 047-335-1007

株式会社コージングホーム
千葉県柏市東山2-12-14　phone: 0471-60-5280

株式会社東葛塗装センター
千葉県柏市豊四季129-2　phone: 0471-48-6766

有限会社ユーケンホーム
千葉県柏市柏4-7-10　phone: 0471-64-3331

曽根塗装店　http://www15.big.or.jp/~stt/
神奈川県横浜市港北区日吉4-6-14　phone: 045-564-3861

シバコウ
愛知県一宮市時之島字手招48-2　phone: 0586-78-2205

武田工務店
大阪府大阪市港区市岡1-16-4
phone: 06-6571-0327/0120-57-5610（近畿2府4県）

有限会社ナカタニ
京都府八幡市八幡馬場82-6　phone: 075-983-5908

住まいのショウエイ
香川県綾歌郡綾歌町岡田下353-1　phone: 0877-86-3104

リフォームサン
福岡県福岡市博多区博多駅東3-6-23　phone: 092-414-0272

あとがき

住宅リフォーム革命と聞くと、流通経路の短縮で消費者が直接職人に仕事を依頼することなのかと思われるかも知れませんが、私の「革命」は全くの逆で、業者（工務店、リフォーム業者、コーディネーター、設計士）の方々の提案能力こそが、快適生活リフォームを成功させるという意味です。

バブル崩壊後のマスコミが作った「価格破壊」という言葉は、定価の決まっている商品に対して、企業努力（コストダウン）と消費者努力（直接購入）によって、少しでも価格を下げるという意味では正解です。しかし、これは建築、それも住宅リフォームに関しては当てはまりません。

住宅リフォームは、業者の提案能力と職人の技と心を買うのであって、安いだけで決めてはいけません。安くできたと喜んでいる方は、リフォーム業界のことをわかっていないのです。安ければ安いだけの仕事になってしまいますので、当然トラブルが発生します。消費者も業者も嫌な思いをします。せっかくお金を出して快適なリフォームを期待したのに、お客様が不快な思いをしては何の意味もありません。

「脳内革命」という本のタイトルが、用語として流行しましたが、私の言う「革命」とは、いわば消費者の脳内革命なのです。照明器具一個や蛇口パッキンの取替えならともかく、消費者が直接職人に頼めば安くなるという考えは、リフォームに関しては間違いです。

快適な生活のためのリフォームは、総合的な判断が必要になるので、経験豊かな業者に任せないと成功はありません。

五〇年、一〇〇年住宅で、リフォームを成功させようと思ったら原点に戻ることです。昔の大工さんは見積金額も大体の概算で伝えておいて、仕事が始まってから材料と人件費を計算して請求を出したものです。これはお金を掛けるところにはお金を掛けて、不要のところにはお金を掛けないという職人気質です。心もきれいで、駆け引きはできませんでした。

最近は、こういう職人気質は消えて、見積金額に合わせて動いています。あの家は人件費は二人で上げなければならないとか、材料は予算に合わせてこれを使うとか、全くの商人になってしまいました。

これは消費者にも責任の一端があるのですが、むしろ私は、行政の怠慢だと思っています。都道府県市町村の行政が公報などを使って、消費者に情報の提供をすべきでした。ゼネコンのリフォーム部門との付き合いはあっても、末端の町場の業者との付き合いがないために、一般消費者の指導がわからなかった行政の責任なのです。

行政が頼りにならないから、民間で作った私の消費者相談コーナーや、他の建築検査官(インスペクター)の活動には、問い合わせが殺到しました。しかし、私を含め基本的にはボランティアです。私も、全ての相談に応対しているうちに、自分の時間がなくなってしまいました。試験的に有料相談にしてみたのですが、消費者からの相談がピタリと止んでしまったのには、私も愕然としました。

そこで、私は「住宅リフォーム学院」を創立し、住宅リフォーム情報誌『リフォーミング』を発刊したのです。住宅リフォーム学院では、新築とは異なるリフォームの難しさを教え、情報誌では悪質業者の実態とリフォーム箇所の概算予算について解説しています。

本書でご紹介した「住宅リフォーム革命」は、住宅研究社の全国協力会会員が中心になり、各々の地域において実践活動をしています。どうぞ、賢明な消費者の皆様、住宅研究社の理念をご理解ください。そして皆様のお近くの住宅研究社協力会をご活用ください。住宅リフォームの勉強会に参加している協力会会員(業者)と消費者に情報を提供する住宅研究社と全国協力会本部が三位一体となって、皆様に安心のリフォームを提供します。

本書により、消費者と業者が長いおつきあいができることを願っています。

平成一二年四月吉日

住宅研究社　山根裕太

著者プロフィール

山根裕太（やまね・ゆうた）

本名：山川義光。福島県生まれ。建築リフォーム25年の実務経験者。
リフォーム業界の粛正を願って、1995年に『リフォーム業者にだまされるな』、1997年に『良いリフォーム悪いリフォーム選別百科』、1998年に『改訂版リフォーム業者にだまされるな』を出版。

●

住宅研究社代表
住宅リフォーム学院代表
住宅研究社全国協力会代表
全国住宅リフォーム事業協会会長

●

［主な活動］
消費者向け情報誌の発刊
消費者向け建築総合相談
消費者向けリフォーム学級開催
業者向けリフォーム学級開催
ハウスメーカーの物件調査
既存建物の耐震調査と補強
建築Gメン会員

住宅リフォーム革命

発行日

2000年5月20日

著者

山根裕太

編集

堤靖彦

エディトリアル・デザイン

粕谷浩義

協力

成田久美子

印刷・製本

文唱堂印刷株式会社

発行者

中上千里夫

発行

工作舎

editorial corporation for human becoming

〒150-0046

東京都渋谷区松濤2-21-3

phone◯03-3465-5251

URL◯http://www.kousakusha.co.jp

E-mail◯saturn@kousakusha.co.jp

ISBN4-87502-329-4

ドイツの景観都市

◎飯田 実

アルプスの町では観光客の数を制限、ビルの高さの上限は周辺の樹の高さまで、湖の最低条件は水泳ができること…ドイツの美しい町並みは市民参加の賜物。都市環境を考える好著。

●四六判上製●268頁●定価=本体2200円+税

本朝巨木伝

◎牧野和春　荒俣　宏=序文

西表島の原生林を始め、各地にそびえるツバキ、藤、銀杏、松、桂などの巨木。人間の生活を見続けた聖なる樹々を訪ね歩いた著者が思い、感じ、語る、木の生命と日本の物語。

●四六判上製●240頁●定価=本体2200円+税

フォトモ

◎非ユークリッド写真連盟

写真を切り抜いて組み立てた模型「フォトモ」。ステレオ写真や3D写真以上の効果が得られる驚異の写真術を使って、路上のあちこちに息づく作者不明のアートを記録していく。

●A5変型判上製●184頁●定価=本体2800円+税

屋久島の時間《とき》

◎星川 淳

世界遺産、屋久島に移り住んで半農半著生活を続ける著者が綴る、とびきりの春夏秋冬。雪の温泉で身を清める新年からマツムシの大合唱を聴く秋まで、自然との共生を教えてくれる好著。

●四六判上製●232頁●定価=本体1900円+税

鬼から聞いた遷都の秘訣

◎荒俣 宏+小松和彦

オウムから本草学まで、阪神大震災から風水論まで、雑談の最強タッグが、鬼の視点から都市と日本文化を斬る。「日本の宿題」は解決するのか？ 帝都東京に明日はあるのか!?

●四六判●244頁●定価=本体1600円+税

21世紀に伝えたいこと

◎司馬遼太郎ほか

特別収録された司馬遼太郎「21世紀に生きる君たちへ」のほか、木村尚三郎、松井孝典、吉福伸逸、金子郁容、美輪明宏、鎌田東二、今福龍太ら各界の第一人者が語る未来への提言。

●A5判上製●192頁●定価=本体1800円+税